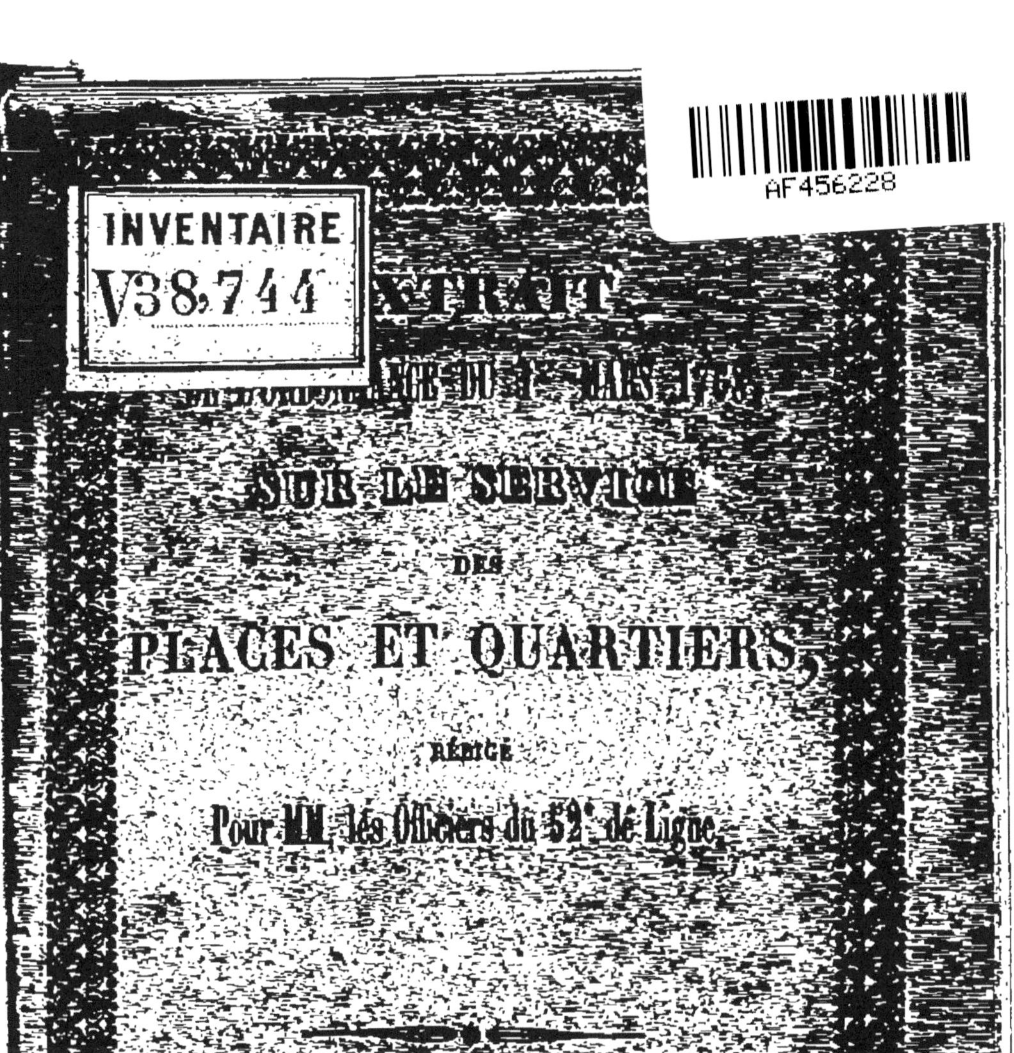





# [illegible]XTRAIT

[illegible]ANCE DU 1er MARS 176[illegible]

## SUR LE SERVICE

DES

# PLACES ET QUARTIERS,

RÉDIGÉ

Pour MM. les Officiers du 52e de Ligne.

---

NANCY,
IMPRIMERIE DE L. VINCENOT.

1842.

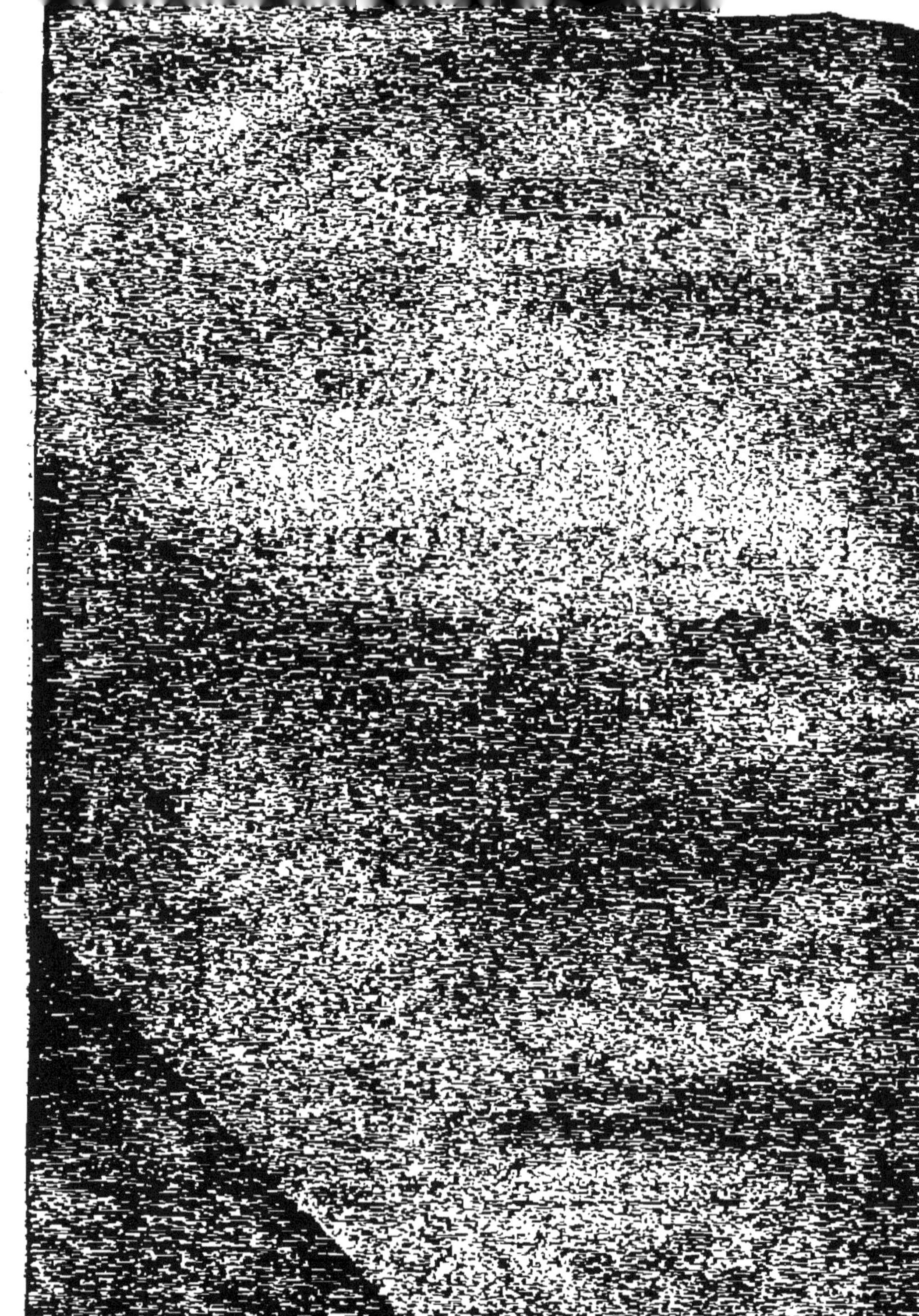

# SERVICE
# DES PLACES
# ET QUARTIERS.

NANCY, IMPRIMERIE DE L. VINCENOT.

# EXTRAIT

## DE L'ORDONNANCE DU 1er MARS 1768,

## SUR LE SERVICE

DES

# PLACES ET QUARTIERS

RÉDIGÉ

Pour MM. les Officiers du 52e de Ligne.

NANCY,
IMPRIMERIE-LIBRAIRIE DE L. VINCENOT ET Cie,
Grande-Rue (Ville-Vieille), 11.
1842.

Une partie de l'Ordonnance de 1768 étant abrogée, MM. les Officiers reconnaîtront que cet Extrait est indispensable, pour connaître les articles qui sont encore en vigueur, et donner à leur mémoire plus de facilité.

Nota. Les numéros qui sont au commencement de chaque demande indiquent l'article correspondant au réglement.

# TABLE ANALYTIQUE.

# SERVICE

DES

# PLACES ET QUARTIERS.

## TITRE III.

### *De l'arrivée des Troupes dans une place* (1).

1, 2, 3. D. Lorsqu'un régiment d'infanterie arrive dans une place, doit-il prendre les ordres du commandant de cette place?

R. En arrivant, l'adjudant-major ira prendre les ordres de ce fonctionnaire pour l'établissement du régiment dans la place, et s'il doit être logé chez l'habitant, l'adjudant-major préviendra les officiers municipaux de l'arrivée du régiment.

5, 6, 7. D. Si le régiment doit être caserné, quel quartier devra-t-il occuper?

R. Il occupera celui du régiment ou de la troupe qu'il relèvera.

Si cependant il y a dans la place plusieurs quartiers vides, il pourra choisir celui qui lui conviendra le mieux, eu égard au nombre de bataillons dont il sera composé; et quand il y sera établi, il n'en pourra être déplacé à l'occasion de l'arrivée d'un autre régiment,

(1) Voir le chapitre 40 de l'ordonnance du 2 novembre 1833.

que dans le cas où il serait nécessaire de resserrer le casernement pour lui faire place.

Si plusieurs régimens arrivent ensemble dans une place, ils tireront au sort le quartier que chacun d'eux devra occuper, eu égard au nombre de bataillons dont ils seront composés.

8. D. Quand les troupes devront être logées dans les casernes, comment seront reconnus les bâtimens?

R. Le quartier-maître ou autre officier major ira, avec le major de la place, le sous-intendant militaire et un ingénieur, faire la visite desdites casernes et voir s'il n'y manque rien; si les portes, fenêtres, vitres, serrures, bancs, planches à pain et autres ustensiles servant auxdites casernes sont en bon état, et il sera dressé, du tout, par le sous-intendant militaire, un procès-verbal, dont chacun d'eux gardera une copie, signée de tous quatre, pour être représentée lors du départ du régiment; il en sera fait une cinquième copie, qui sera remise au sous-intendant militaire pour l'envoyer à l'intendant divisionnaire.

9. D. Pendant que le quartier-maître s'occupera de l'établissement de la troupe, que fera l'adjudant-major?

R. Il ira au-devant du régiment, pour porter, à l'officier commandant, les ordres qu'il aura reçus du commandant de la place.

10. D. Que devra faire le régiment lorsqu'il sera arrivé près de la place?

R. Il se mettra en bataille auprès du glacis, et pendant cette halte, on fera rajuster les parties de l'armement, de l'habillement et de l'équipement.

11. D. Si les troupes doivent être fouillées avant leur entrée dans la ville, quelles dispositions devra-t-on prendre?

R. On fera pendant cette halte, ouvrir les rangs et poser les armes à terre, chaque sous-officier et soldat ayant son havre-sac devant lui; alors trois commis d'octroi passeront en même temps, un devant chaque rang, accompagné d'un officier major du régiment et visiteront successivement les havre-sacs et même les habits, s'ils soupçonnent que les soldats aient de la contrebande sur eux; et les officiers feront arrêter ceux dans les habits desquels il en sera trouvé.

Les valets et les équipages des troupes seront également fouillés en présence d'un officier major du régiment.

14. D. Lorsque le régiment sera prêt d'entrer dans la place, par qui devra-t-il être conduit sur la place d'armes?

R. Le major ou aide-major de la place se trouvera aux barrières pour le recevoir et se mettra à sa tête pour l'y conduire.

D. Où devront se trouver les femmes de soldats, les valets, chariots et chevaux d'équipage lorsque la troupe entrera dans la place?

R. Ils ne devront point se mêler avec la

troupe ; on aura l'attention de les faire marcher tous ensemble et à cent pas derrière elle.

15, **D.** Que fera la troupe lorsqu'elle sera ar-
16, rivée sur la place d'armes ?
17, **R.** Elle s'y mettra en bataille en faisant face
18. au corps-de-garde, autant que cela se pourra;
elle attendra que le commandant de la place, qui devra s'y trouver, ordonne de battre un ban pour faire les défenses usitées; et on tirera les gardes si la troupe est indispensablement obligée d'en fournir ce jour-là.

20, **D.** Lorsque ces dispositions seront prises,
21. et que le commandant de la place ordonnera
de faire entrer le régiment dans ses quartiers ou logemens, que devra-t-on faire?

**R.** On enverra, dans l'ordre prescrit, le drapeau au logement du commandant du régiment, et la troupe défilera ensuite par compagnie, devant le commandant de la place et se rendra à son quartier ou à ses logemens.

23. **D.** Quel état devra remettre en arrivant le major de la troupe ?

**R.** Il remettra au commandant de la place un état exact de la force effective dudit régiment, compagnie par compagnie, avec le nombre, les noms et les grades des officiers présens, et de même ceux des officiers absens, la raison de leur absence et le lieu où ils seront.

Un semblable état devra être remis ensuite tous les mois.

## TITRE IV.

### *Des Bans qui doivent être battus à la tête des Troupes.*

1. D. Quelles sont les défenses qui devront être faites à son arrivée dans une place, soit pour y tenir garnison, soit pour y passer seulement?

R. A son arrivée, un officier désigné par le commandant de la place publiera, devant le front de ladite troupe, un ban pour défendre, sous les peines portées par les ordonnances, à tous les soldats de s'éloigner de la place, au-delà des limites qui leur seront indiquées, de mettre le sabre ou la baïonnette à la main dans la place ou hors de la place, d'y commettre aucun vol ou désordre dans les maisons, jardins et autres lieux des environs.

D. Que sera-t-il défendu aux troupes qui ne devront pas être casernées?

R. Il leur sera défendu de s'établir en d'autres logemens que ceux portés par leurs billets, sous peine de 15 jours de prison, et de rien exiger de leur hôte qu'un lit garni pour deux, et place au feu et à la chandelle.

2. D. Que sera-t-il défendu aux officiers?

R. Il leur sera défendu de changer leur logement sans permission, et de rien exiger de leur hôte au-delà de ce qui sera prescrit; et ils seront responsables des dommages ou des désordres causés par les soldats de leurs compagnies, quand par négligence ou par tolérance ils les auront soufferts.

3. D. Le commandant de la place fera-t-il faire d'autres défenses ?

R. Il fera ajouter celles qu'il croira nécessaires, relativement aux circonstances et au service particulier de la place.

---

## TITRE V.

### *Du Logement.*

2. D. Que défend le gouvernement relativement aux pavillons ou casernes destinés au logement des troupes ?

R. Lesdits pavillons ou casernes ne devront être employés à d'autres usages qu'à ceux de leur destination, et il n'y sera logé personne que les troupes.

Le gouvernement enjoint aux commandans des divisions militaires d'y tenir exactement la main, et aux ingénieurs d'informer sur-le-champ le ministre de la guerre des abus qui pourraient se commettre à cet égard.

D. Comment seront logées les troupes arrivant dans les lieux où il n'y aura ni pavillons ni casernes, ou lorsque ces bâtimens seront occupés par les troupes de la garnison ?

R. Elles seront logées chez les habitans, nonobstant tous priviléges, concessions ou ordonnances à ce contraires, en quelque province qu'ils aient lieu jusqu'à ce jour.

16. D. Par qui seront fournis les ustensiles de cuisine ?

R. Ils seront fournis par les hôtes lorsque le régiment est en marche ; mais dans les lieux de résidence ou quartiers, ils s'en pourvoieront à leurs dépens ; et en aucun cas, les hôtes ne fourniront ni le bois, ni le linge de table.

25. D. Lorsque les troupes devront faire ordinaire par chambrée, quels sont les objets que les hôtes qui logeront les soldats devront fournir ?

R. Lorsque la troupe sera en garnison, ils seront tenus de supporter alternativement l'embarras de l'ordinaire de ladite chambrée, sans être obligés de fournir les ustensiles de cuisine ; mais lorsque la troupe ne fera que passer, les hôtes fourniront, indépendamment de la place au feu et à la chandelle, aux officiers des compagnies, aux sous-officiers et soldats, les pots, les assiettes, les plats et autres ustensiles de cuisine.

27. D. Les hôtes pourront-ils être délogés de la chambre et du lit où ils auront coutume de coucher ?

R. En aucun cas, ils ne pourront y être forcés ; néanmoins ils ne pourront, sous ce prétexte, se soustraire à la charge du logement suivant leurs facultés.

28, D. Quelles sont les formalités à remplir
29. pour la réception des fournitures de couchage dans le cas où la troupe devra loger dans les pavillons ou casernes?

R. Le sous-intendant militaire, le major et l'netrepreneur se rendront dans les magasins pour examiner l'état et la qualité desdites fournitures, et après que leur qualité aura été constatée par un état, dont chacun d'eux gardera un double signé de tous trois, le major fera prendre par des soldats, qu'il aura menés avec lui, celles qui seront nécessaires, dont il donnera un reçu audit entrepreneur.

Les officiers logés dans les pavillons ou casernes, donneront également une reconnaissance des meubles, fournitures et ustensiles qui leur auront été livrés (1).

30. D. A quel usage sont destinées ces fournitures?

R. Elles ne peuvent être mises en service que dans les chambres et quartiers assignés à la troupe et pour le seul usage des compagnies.

31. D. Lorsque les troupes devront loger chez les habitans, auront-elles quelques reçus à donner pour les fournitures qui leur seront faites?

R. Tous les officiers seront tenus de donner à leur hôte des reçus de toutes les fournitures qui auront été faites tant pour eux que pour

(1) Voir le réglement du 31 octobre 1841.

les sous-officiers et soldats de leur compagnie, ainsi que pour leurs valets, afin que, lors du départ du régiment, les effets perdus ou détériorés, puissent être imputés à qui de droit.

32. D. Quelles sont les autres choses à exiger des habitans?

R. Tous les gens de guerre de quelque grade qu'ils soient, ne pourront rien exiger de leur hôte au-delà de ce qui est réglé ci-dessus.

35. D. Les officiers qui auront été envoyés à l'avance au logement pourront-ils se mêler de ce logement?

R. Ils ne pourront s'en mêler en aucune manière, ni avoir aucune préférence à cet égard.

36. D. Comment sera fait le logement dans les lieux où les troupes devront tenir garnison?

R. Il sera toujours fait sur le pied complet pour toutes les compagnies, et les billets excédant l'effectif seront réservés à la maison commune par paquets séparés, afin que lorsqu'il arrivera des officiers, sous-officiers et soldats, après l'assiette du logement, il leur soit donné des billets dans le quartier de leur compagnie.

38. D. Lorsqu'il y aura de l'infanterie et de la cavalerie dans une même commune, comment sera réparti le logement?

R. Les cavaliers seront toujours mis chez les habitans les plus aisés et les plus en état de supporter à la fois le double logement des hommes et des chevaux.

41. D. Comment seront établis les billets de logement?

R. Ils comprendront, indépendamment du n° des maisons, et des noms et qualités des hôtes, le nom de la rue, le grade et le nombre de ceux qui devront y loger, les chambres qu'ils devront y occuper, et les fournitures qui devront leur être faites, lesdits billets seront signés par l'officier municipal chargé du détail du logement.

42. D. Les soldats pourront-ils être logés dans des fermes et maisons isolées, mais dépendantes du lieu du logement?

R. Ils n'y seront jamais logés à moins qu'elles ne puissent contenir une ou deux compagnies avec les officiers, et qu'elles ne soient éloignées que d'un quart de lieue, tout au plus, à la réserve cependant du cas de foule qui sera constaté par un procès-verbal dressé par le sous-intendant militaire, et adressé au ministre de la guerre et à l'intendant de la division.

43, 44. D. Comment seront répartis les billets de logement entre les compagnies?

R. Les officiers municipaux observeront d'expédier lesdits billets en paquets, séparés par compagnie et bataillon, de manière que tous les hommes d'une même compagnie, du même bataillon et régiment, soient logés, de proche en proche, dans un même quartier, et que les fourriers, sergens et officiers soient logés près de la compagnie à laquelle ils appartiennent, afin qu'ils soient plus à portée de veiller au maintien de la discipline.

Les tambours et clairons seront également logés au centre du quartier qu'occupera le bataillon ou le régiment.

45. D. Pour combien d'hommes les billets seront-ils faits et quelle attention aura un des officiers municipaux?

R. Ils ne pourront contenir, pour chaque maison, moins de deux soldats.

Un officier municipal restera à l'hôtel-de-ville après l'assiette du logement, pour remédier aux abus qui auraient pu s'introduire dans la distribution des billets.

46. D. Quelles sont les règles à suivre pour le logement des officiers?

R. Soit qu'un régiment se trouve caserné ou logé chez le bourgeois, les colonel, lieutenant-colonel et major seront logés le plus près possible de leur régiment; il en sera de même des chefs de bataillon pour leurs bataillons, et des capitaines, lieutenans et sous-lieutenans pour leurs compagnies.

47. D. Quelle règle devront suivre les officiers pour le logement qu'ils loueront de gré à gré lorsque le logement sera remplacé par une indemnité?

R. Ils devront également être logés près de leurs bataillons et compagnies, ainsi qu'il est dit plus haut.

*Billets de logement. Comment distribués aux compagnies* (1).

55. D. Les villes pourront-elles se décharger du logement?

R. Elles pourront louer des maisons suffisantes et convenables pour y caserner les troupes qui y seront en garnison, pourvu que ce soit à leurs frais, sans aucune augmentation sur les denrées et aux conditions de leur y faire fournir les ustensiles nécessaires; de ne faire mettre dans les chambres que le nombre de lits qu'elles pourront contenir, et de faire contribuer aux fournitures, non-seulement les habitans non exempts du logement, mais même en cas de nécessité, ceux des bourgs et villages dépendant desdites villes.

---

## TITRE VI.

*De l'établissement des troupes dans leurs logemens* (2).

1. D. Comment le régiment entrera-t-il dans son logement?

R. Lorsqu'il en aura reçu l'ordre, il s'y

(1) Voir l'article 341 de l'ordonnance du 2 novembre 1833.

(2) Voir le réglement du casernement du 17 août 1834, et le chap. 40 de l'ordonnance du 2 nov. 1833.

rendra dans le plus grand ordre, et aucun officier ne pourra quitter sa troupe qu'elle n'y soit établie.

2. D. Si le régiment est logé dans les pavillons ou casernes, par qui y sera-t-il conduit?

R. Il sera conduit, de la place d'armes auxdits bâtimens, par un officier major de la place, et le régiment ne se séparera qu'après y avoir établi sa garde particulière de police.

3. D. Par qui sera réglée la force de cette garde?

R. Par le commandant du régiment, relativement à l'étendue et à la position des casernes.

4. D. A qui seront remises les clefs du quartier à l'arrivée du régiment?

R. Elles seront remises entre les mains de l'officier ou sous-officier qui commandera la garde de police.

5. D. Que deviennent les chambres non occupées par la troupe?

R. Lorsque la capacité des corps de casernes excédera le nombre de chambres nécessaires pour le logement de la troupe, il ne lui sera pas permis de s'y étendre, et elle n'occupera que le nombre de chambres qui lui sera nécessaire, à proportion du nombre de lits que chacune desdites chambres pourra contenir.

6. D. Quelles chambres occuperont les soldats mariés des corps étrangers et les blanchisseuses des troupes?

R. Ils pourront occuper des chambres séparées au rez-de-chaussée, sans que jamais les blanchisseuses puissent être établies dans les chambres des étages supérieurs, à la réserve des quartiers où le rez-de-chaussée ne sera composé que d'écuries.

8, 9. D. Si le régiment doit être logé chez l'habitant, comment y sera-t-il établi?

R. Chaque compagnie sera conduite par ses officiers et par le fourrier, de la place d'armes dans le quartier de la ville ou du lieu où elle devra être logée (1).

Alors le fourrier fera la distribution des billets, en commençant d'abord par ses officiers, ensuite aux sous-officiers et à chaque chef de chambrée, jusqu'à concurrence du nombre d'hommes dont les chambres seront composées, et chaque chef de chambrée conduira ses soldats dans les logemens qu'ils devront occuper.

10, D. Les officiers peuvent-ils se retirer aus-
11. sitôt qu'ils ont reçu leurs billets de logement?

R. Ils sont tenus de rester jusqu'à l'entier établissement de leur compagnie, afin de prévenir les discussions qui pourraient survenir entre les soldats et les habitans (2).

Ils rectifieront, avec l'officier municipal resté à la mairie, les erreurs qui auraient été commises dans la distribution des billets.

(1) Voir les art. 342 et 345 de l'ordonnance du 2 novembre 1833.

(2) Voir l'art. 361 de l'ordonnance du 2 nov. 1833.

16. D. Quelles punitions encourront les officiers qui se logeront par force sans billet de logement et ceux qui changeront entre eux les logemens qui leur auraient été donnés?

R. Dans le premier cas ils seront mis à la prison pour 8 jours, et dans le deuxième cas seront mis aux arrêts pour 15 jours; le commandant de la place en rendra compte au lieutenant-général commandant la division.

17, 18. D. Quelle punition infligera-t-on aux soldats qui changeront entre eux leurs logemens sans permission?

R. Il leur sera infligé 15 jours de prison, et ceux qui s'établiront en d'autres logemens que ceux qui leur auront été assignés, seront punis conformément aux peines portées par les bancs publiés à l'arrivée des troupes.

19. D. Quelles sont les règles à suivre pour tout détachement qui devra rester en garnison dans une place?

R. Il devra s'établir dans son logement avec les précautions et l'ordre prescrits par le présent titre.

---

## TITRE VII.

### *Du Service des Troupes dans les Places.*

1. D. Quel est le service des troupes dans les places de guerre et quartiers?

R. Elles y feront nuit et jour une garde qui sera relevée toutes les 24 heures.

2. D. La garde est-elle le seul service que les troupes aient à faire?

R. Indépendamment de la garde, il y aura plusieurs autres espèces de services distingués et commandés comme il est prescrit ci-après (titre 8).

3. D. Comment sera réglé le service en temps de guerre?

R. Il sera réglé par les commandans des places, relativement à la proximité de l'ennemi et à la sûreté de la place.

5, 6. D. Comment sera réglée la garde en temps de paix?

R. Elle sera réglée tous les premiers du mois sur le nombre effectif des soldats en état de faire le service et relativement au nombre de sentinelles à fournir pour la garde de la place, le maintien du bon ordre et la conservation des ouvrages.

A cet effet, le commandant de chaque régiment ayant remis une situation actuelle de leur corps de service, sera réglé de manière que chaque soldat ait 6 nuits de repos et jamais moins de 5.

7. D. Dans quel but place-t-on des sentinelles sur les remparts?

R. Il n'en est placé que le nombre nécessaire pour empêcher la dégradation des ouvrages, et pour observer pendant la nuit ce qui se passe au dehors de la place.

Il n'en sera jamais employé pour garder les herbages des remparts et des ouvrages.

8. **D.** Combien les hommes devront-ils faire d'heures de faction pendant leur garde ?

**R.** Chaque soldat ne fera jamais moins de 6 heures de faction pendant sa garde.

Depuis le 1er mai jusqu'au 1er octobre et dans le cas d'une nécessité absolue, les commandans de place sont autorisés à faire faire 8 heures de faction à chaque sentinelle. D'après cela on comptera sur le pied de 4 hommes pour une sentinelle ; et dans le cas indispensable sur le pied de 3.

9. **D.** Lorsque la garnison ne pourra fournir les sentinelles nécessaires en laissant à chaque homme cinq nuits de repos, pourra-t-on augmenter le nombre d'hommes de service ?

**R.** Les commandans des divisions pourront, sur les représentations des commandans des places, autoriser cette augmentation en en rendant compte au ministre de la guerre.

10, 11. **D.** Comment sera réglé le nombre d'officiers pour les gardes ?

**R.** Il sera réglé par le commandant de la place, de manière que les capitaines d'infanterie aient, autant qu'il se pourra, 11 ou 12 nuits de repos, et les officiers subalternes 8 à 9 ; les capitaines de cavalerie devant avoir 14 ou 15 et les officiers subalternes 11 ou 12 jours.

Dans la saison des semestres le nombre des postes d'officiers sera diminué, et celui des sergens sera augmenté en proportion.

13. **D.** Les grenadiers auront-ils des postes séparés ?

R. Quand ils seront en nombre suffisant dans la place pour fournir chaque jour une garde de 24 grenadiers, on leur donnera des postes séparés; celui de la place d'armes leur sera affecté de préférence; et dans ce cas il sera toujours commandé par un capitaine ou officier subalterne de grenadiers, qui rouleront entre eux pour ce service.

14. D. Si les grenadiers ne sont pas en nombre suffisant pour fournir seuls le poste de la place d'armes, comment y pourvoira-t-on?

R. Les grenadiers seront alors mêlés avec des fusiliers qui fourniront le nombre d'hommes suffisant pour compléter les postes, et dans ce cas les officiers et sergens de grenadiers rouleront avec ceux du centre pour ce service.

Les grenadiers, quoique mêlés, auront toujours par préférence le poste de la place d'armes.

15. D. Indépendamment du service de la garde de la place, les grenadiers devront-ils faire d'autre service?

R. Ils feront tous les détachemens pour lesquels ils seront commandés, tant au dehors qu'au dedans de la place.

16. D. Comment le nombre de sous-officiers à fournir par les bataillons sera-t-il fixé?

R. Il sera fixé par le commandant de la place relativement au nombre effectif des hommes de la garnison.

24. D. Quelles sont les gardes à fournir par le corps, indépendamment de la garde de la place?

R. Il fournira tous les jours, et sans que cela soit compris dans ledit service, ses gardes de police de quartier, s'il est caserné, et ses gardes de caisse et de drapeau.

25. D. Lorsqu'il sera nécessaire d'exploiter et remuer des pièces d'artillerie et munitions de guerre dans une place où il n'y aura pas un détachement d'artillerie suffisant, quelles mesures prendra-t-on à cet effet?

R. On commandera, sur la demande du commandant d'artillerie, le nombre de soldats nécessaires, ces soldats seront commandés par des sergens de corvée qui leur feront exécuter tout ce que le commandant d'artillerie ordonnera.

---

## TITRE VIII.

### *De l'ordre à observer dans les places pour commander le service.*

1. D. Combien l'infanterie aura-t-elle de tours de service?

R. Six; savoir:

1° Les détachemens, escortes et la garde des postes extérieurs, qui ne se relève qu'après un certain nombre de jours;

2° La garde de la place, qui sera relevée journellement;

3° Les gardes d'honneur;

4° Les corvées;

5° Les rondes ;

6° Les détachemens en mer.

Dans les places assiégées, il y aura de plus un tour pour les travailleurs, lequel sera alors le premier de tous.

2, 3. D. Quelle est la composition des détachemens de tous ces tours de service ?

R. Ils seront composés d'officiers, sous-officiers, grenadiers et soldats du même régiment, de manière que chacun des bataillons dont le régiment sera composé, y entre également. Dans les places où il y aura plusieurs régimens, ils fourniront chacun les détachemens nécessaires pour compléter la garde; mais les différens postes et détachemens, pour quelque service que ce soit, ne seront jamais mêlés d'officiers, sous-officiers et soldats de différens régimens.

A cet effet tous les corps, tant français qu'étrangers, qui seront dans la même place, fourniront tous également et alternativement aux différens services, en suivant les proportions établies plus haut.

4. D. Comment seront formés tous les détachemens des premier et sixième tours de service et ceux des travailleurs dans les siéges?

R. Ils seront formés de 8 escouades de service, de 8 hommes chacune, et dans les proportions suivantes :

1° Le détachement entier sera formé de huit escouades et un tambour, et commandé par un capitaine, un lieutenant ou un sous-lieutenant, deux sergens, quatre caporaux et quatre appointés.

2° Le demi-détachement sera composé de quatre escouades, avec un tambour, et commandé par un lieutenant ou sous-lieutenant, un sergent, deux caporaux et deux appointés.

3° Le quart de détachement sera de deux escouades et commandé par un sergent, un caporal et un appointé.

4° Le petit détachement sera d'une escouade et commandé par un caporal.

5° Tous les petits détachemens au-dessous d'une escouade, seront formés autour des gardes de l'intérieur de la place.

5, 6. D. Par qui les détachemens des 2e, 3e et 4e tours de service sont-ils commandés?

R. Ils le seront par l'adjudant de la place, relativement à la force des postes, à l'espèce des gardes d'honneur ou aux corvées nécessaires, et seront ensuite formés dans les régimens, ainsi qu'il est prescrit ci-après (tit. 9, art. 5).

On se conformera pour le 5e tour à ce qui est réglé par les art. 1, 3 et 4 du titre 15.

7. D. Dans quel tour de service seront compris les détachemens commandés pour les fêtes nationales et processions?

R. Ils seront réputés gardes d'honneur et compris dans ce tour.

8. D. Par qui et à quelle heure sera commandé le service, tel qu'il soit?

R. Il sera commandé tous les jours à l'ordre

général de la place, par le major de la place, qui tiendra des contrôles à cet effet, afin que chacun fournisse dans la proportion établie.

9. D. Comment se prendra le tour des officiers pour le service?

R. Le major de la place tiendra un contrôle par ancienneté de grade de tous les officiers pour les commander chacun à leur tour.

10. D. Comment les sous-officiers seront-ils commandés?

R. Par le major du régiment, suivant le service demandé au cercle général de la garnison.

11. D. Comment seront commandés les officiers supérieurs pour la visite des postes?

R. Lorsque le commandant de la place jugera à propos de les employer, tous ceux de la garnison rouleront ensemble pour ce service, et seront nommés à l'ordre par le major de la place.

12. D. Comment les officiers seront-ils commandés dans l'infanterie pour tous les tours de service?

R. Ils le seront par la tête du régiment, sans que, sous tel prétexte que ce soit, on puisse commencer par la queue.

D. Les différens tours de service seront-ils susceptibles d'être interrompus?

R. Le 1er, le 3e et le 4e seront continués en paix comme en guerre, et dans les places et quartiers d'hiver, comme en campagne.

Le 2e et le 5e seront continués, soit en paix,

soit en guerre, d'une garnison à l'autre, et ne seront interrompus que quand les régimens entreront en campagne, et seront repris quand ils rentreront dans les places ou s'établiront dans leurs quartiers d'hiver.

Le 6e ne sera jamais interrompu; tout officier reprendra son tour, et ne pourra être commandé deux fois que tous ceux du même grade l'aient été une.

15. D. Quel moyen devra-t-on employer pour que le service soit toujours commandé dans les vues ci-dessus?

R. Les majors des régimens tiendront avec soin des contrôles de tous ces différens tours, et les remettront, en arrivant dans une place, au major de ladite place.

16. D. Chaque capitaine, lieutenant ou sous-lieutenant devra-t-il être rigoureusement commandé de service à son tour?

R. Nul ne devra être commandé une deuxième fois pour un service quelconque avant que tous les autres du même régiment l'aient été une fois.

18. D. Les officiers qui se trouveront à la garnison ou quartier, pendant le temps qu'ils pourraient être absens par congé, feront-ils le service?

R. Ils seront tenus de le faire de même que les autres officiers.

19. D. Les officiers pourront-ils changer entre eux leurs tours de service ou de détachement?

R. Ils ne peuvent le faire sans autorisation.

20, D. Comment seront considérés les officiers
21. malades ou absens lorsque leur tour de service se présentera ?

R. Ils ne reprendront point leur tour pour les gardes ou détachemens ; à l'égard des corvées, elles se reprendront pour un tour seulement.

Les officiers commandés qui se trouveront incommodés, en feront avertir le lieutenant-colonel du régiment, pour qu'il en soit commandé d'autres.

22. D. Lorsqu'un officier se trouvera à marcher pour deux services à la fois, quel est celui qui doit avoir la préférence ?

R. Il marchera toujours pour le premier tour dans l'ordre désigné plus haut, et les autres seront censé passés pour lui.

23. D. Quand est-ce qu'un détachement sera censé fait ?

R. Lorsqu'il aura dépassé les dernières barrières de la place.

24. D. Les capitaines alterneront-ils avec les officiers subalternes pour le second tour de service ?

R. Ils rouleront avec eux, s'il est nécessaire, de manière que les capitaines relèvent les officiers subalternes, lesquels pourront également relever les capitaines, mais les postes les plus importans seront donnés à ces derniers.

25. D. Quels sont les militaires qui seront exempts des tours de ronde et de garde ?

R. Les colonels, lieutenans-colonels, majors, aides-majors, sous-aides-majors, trésoriers, porte-drapeaux, les fourriers, les tambours-majors et les musiciens.

26. D. Les capitaines qui, au défaut des majors des places, s'y trouveraient commander, ou qui, en l'absence des officiers supérieurs de leur régiment, commanderont un ou plusieurs bataillons, jouiront-ils des exemptions de service ci-dessus?

R. Ils en jouiront pendant la durée de leurs fonctions; mais ceux qui commanderont des bataillons dont les compagnies seront dispersées ne pourront y prétendre. Les susdits capitaines ne seront pas dispensés de leur tour de détachement, ni de marcher avec leurs compagnies si elles sont détachées, devant dans ce cas laisser le commandement au capitaine qui les suit.

---

## TITRE IX.

### *De l'ordre à observer dans les régimens pour commander le service.*

1, 2. D. Par qui seront commandés les sous-officiers, caporaux et soldats nécessaires pour les différens services demandés par la place?

R. Les adjudans-majors des régimens les commanderont sur tout le régiment. A cet effet ils feront tenir, par les adjudans, les contrôles nécessaires pour que toutes les compagnies contribuent également au service de la place.

3. D. Comment seront commandés les sergens et caporaux ?

R. Ils seront commandés par la tête et par la queue, suivant le rang des compagnies dont ils feront partie, à l'exception des détachemens pour lesquels les caporaux restent avec les escouades que fourniront leurs compagnies ; chaque escouade devant toujours être commandée par un caporal ou un appointé de la compagnie qui la fournit.

4, 5. D. Comment seront commandés les soldats ?

R. Ils seront aussi commandés suivant le rang de leurs compagnies ; et afin que les gardes soient toujours composées d'anciens et de nouveaux soldats, le tour de service commencera par la tête et la queue de chaque compagnie.

Les 2^e^, 3^e^ et 4^e^ tours de service continueront d'être fournis, ainsi que par le passé, en nombre égal par chaque compagnie.

6. Quant aux 1^er^ et 6^e^ tours, ainsi que les travailleurs de siége, chaque compagnie n'y fournira que par escouades de service (1).

(1) L'art. 373 de l'ordonnance du 2 novembre 1833 dit : Que les détachemens seront formés habituellement de fractions constitutives du régiment, telles que bataillon, compagnie, section, demi-section et escouade.

10. **D.** Comment seront considérés les sous-officiers et soldats sortant de l'hôpital à l'égard des gardes ?

**R.** Ceux qui ne seront pas parfaitement rétablis, ne seront commandés pour aucun service, qu'ils n'aient repris leurs forces, et qu'ils ne soient en état de faire le service sans craindre de rechute.

12, **D.** Lorsque le capitaine de grenadiers ainsi
14. que les autres officiers de sa compagnie s'absenteront, quels sont les officiers qui marcheront avec cette troupe ?

**R.** Ce sera toujours le plus ancien capitaine et les plus anciens officiers subalternes du bataillon qui marcheront à leur place.

Si le capitaine commandant ainsi par accident une compagnie de grenadiers, commandait de même un bataillon, il serait remplacé aux grenadiers par le plus ancien après lui jusqu'à la rentrée du titulaire.

---

## TITRE X.

### *De l'Assemblée, de l'Inspection et de la Parade* (1).

**D.** Les officiers ou sous-officiers pourront-ils changer de poste entre eux ?

**R.** Ils ne pourront en prétendre d'autre que
6. celui qui leur sera échu par le sort.

(1) (Voir le réglement du 2 novembre 1833, art. 6, 13, 41, 100, 116, 131, 146, 175 et 181.

7. **D.** Comment sera fixée la tenue de la garde ?

**R.** Afin que les troupes de la garnison soient mises uniformément, on avertira à l'ordre des changemens à faire.

8. **D.** Où seront assemblés les détachemens que chaque régiment devra fournir ?

**R.** Ils seront assemblés et inspectés dans les quartiers du régiment et conduits à l'heure nécessaire au rendez-vous général de toutes les gardes de la garnison, où le major ou un aide-major de la place se trouvera à onze heures et demie pour les recevoir.

---

## TITRE XI.

### *Du service des Gardes dans leurs postes.*

1. **D.** Lorsque la nouvelle garde approchera du poste qu'elle devra relever, que devra faire l'officier ou sous-officier qui la commandera ?

**R.** A 30 pas de ce poste il devra faire porter les armes et ordonner au tambour de battre la marche.

2. **D.** Que devra faire l'ancienne garde à l'approche de la nouvelle ?

**R.** Le commandant de cette garde lui fera prendre aussi les armes et la fera ranger de manière qu'elle laisse sur la gauche le terrain nécessaire pour que la nouvelle garde puisse s'y former ; le tambour battra la marche.

3. **D.** Comment devront se former les gardes

devant leurs postes toutes les fois qu'elles sortiront ?

R. Celles composées de 6 hommes, en haie; celles composées de 12, sur deux rangs; et celles composées de 18 et au-dessus, sur trois rangs.

4. D. Quelle attention devra avoir le chef de poste au cas que sa garde doive faire feu ?

R. Il la partagera toujours en deux ou quatre divisions, afin que si les circonstances l'exigent elle ne se dégarnisse pas à la fois de tout son feu.

7. D. Si le terrain ne permet pas à la nouvelle garde de se former à la gauche de l'ancienne, comment devront-elles se placer ?

R. L'ancienne garde se placera en avant du corps-de-garde en y faisant face, et laissera la place nécessaire pour que la nouvelle puisse se placer entre elle et le corps-de-garde.

8. D. Comment sera rendue la consigne à la garde montante ?

R. Les officiers et sous-officiers de chaque garde s'avanceront les uns vers les autres, et ceux de l'ancienne donneront la consigne à ceux de la garde montante.

9, D. Comment la nouvelle garde prendra-
10, t-elle possession du poste ?
11. R. Le chef du poste ordonnera au premier caporal, qui sera nommé caporal de consigne, d'aller prendre possession du corps-de-garde. (Dans les petits postes commandés par un caporal, il sera en même temps caporal de consigne).

12. Sur quoi devra porter l'attention de ce caporal?

R. Il devra, accompagné de celui de l'ancienne, visiter les corps-de-garde, s'assurer que tout y est en bon état et que tous les objets portés sur l'inventaire existent réellement; il visitera également les guérites.

S'il a reconnu des dégradations, il en sera rendu compte au major de la place, afin de les faire réparer aux dépens du commandant de l'ancienne garde.

13. D. Quelle punition encoureront les caporaux de consigne lorsqu'il sera fait des dégradations aux choses qui leur seront consignées?

R. Ils seront punis de la prison.

14. D. Que fera le commandant de la nouvelle garde pendant que les caporaux visiteront le corps-de-garde?

R. Il passera l'inspection des armes.

15. D. De quelle manière les caporaux d'un même poste feront-ils le service?

R. Ils le partageront de manière à faire un service égal entre eux, soit de jour, soit de nuit; ils régleront aussi le service des soldats, de manière qu'ils fassent un nombre égal d'heures de faction, et lorsque ce partage ne pourra se faire, le sort en décidera.

16. D. Comment s'appellera le caporal chargé de la pose des sentinelles et quel sera son devoir?

R. Il s'appellera caporal de pose; il prendra la consigne de celui qui aura fait la pose précédente, et ils iront ensemble relever les anciennes sentinelles et poser les nouvelles.

17. D. Un caporal commandant un petit poste pourra-t-il se faire aider pour poser et relever ses sentinelles?

R. Il pourra se faire aider par le plus ancien soldat.

19. D. Comment seront conservées les consignes générales et particulières de chaque poste?

R. Elles seront écrites et collées sur une planche; elles resteront déposées au corps-de-garde et seront consignées successivement d'une garde à l'autre.

20, D. Que fera le commandant de la garde
21. montante après que la visite du poste aura été faite par les caporaux de consigne de la nouvelle et de l'ancienne garde?

R. Il désignera les sentinelles de la première pose et commandera: *Première pose en avant;* à ce commandement, ces hommes formeront un rang en avant de la garde, le caporal de pose les numérotera, et se faisant accompagner de celui de la garde descendante, ils iront ensemble, sur l'ordre du commandant de la nouvelle garde, relever les sentinelles; les sentinelles des différentes poses seront fournies sur toutes les divisions du poste.

22. D. Que feront les commandans des deux gardes pendant qu'on relèvera les sentinelles?

R. Ils visiteront ensemble les avenues du poste, et celui qui relèvera prendra tous les éclaircissemens nécessaires sur les consignes et le service de son poste.

23. D. Que devront faire les sergens et caporaux qui auraient été détachés d'une garde?

R. Ils la rejoindront dès qu'ils auront été relevés et rendront compte, à leur retour, à l'officier de ladite garde, et feront devant lui l'appel des hommes qui auront été détachés avec eux.

24, 27. D. Lorsque tous les petits postes et les sentinelles de l'ancienne garde seront rentrés, que fera le commandant de ladite garde?

R. Il se mettra en marche; le tambour ou clairon de son poste battera ou sonnera la marche, ainsi que celui de la nouvelle garde.

Lorsqu'il sera à 50 pas il fera remettre la baïonnette, porter l'arme au bras et ordonnera au plus ancien sergent de conduire la garde au quartier du régiment.

Les sous-officiers commandant des petits postes descendront dans le même ordre et ramèneront eux-mêmes leur détachement dans le plus grand ordre; ceux qui ne le feraient pas seraient punis de la prison.

28. D. Que fera le commandant de la nouvelle garde après le départ de l'ancienne?

R. Il fera faire demi-tour à droite et ensuite haut les armes pour les placer par division, au ratelier d'armes du corps-de-garde.

29. D. Que fera le commandant du poste aussitôt que la garde sera rentrée?

R. Il ira visiter les sentinelles, il lira avec soin les consignes générales et particulières données à son poste, et il instruira ensuite les sergens et caporaux de tout ce qu'ils auront à faire.

30. D. Que fera le caporal de consigne?

R. Il enverra chercher par des soldats de la garde le bois, le charbon et les chandelles qui devront être fournis pour le corps-de-garde; les soldats tireront au sort entre eux pour cette corvée. Ceux à qui le sort sera échu la feront en veste et en bonnet, conservant leur giberne pour marque de service; mais ils ne porteront rien sur leurs épaules, devant y avoir toujours dans chaque poste un brancard, une brouette, ou un panier.

31. D. Les officiers de garde resteront-ils à leur poste?

R. Ils devront y rester et y faire leur repas, sans pouvoir s'en éloigner, sous tel prétexte que ce soit; et ils ne quitteront ni leur épée ni leur hausse-col pendant tout le temps qu'ils seront de garde.

32. D. Quel sera l'ameublement du corps-de-garde de l'officier?

R. Il n'y aura qu'un fauteuil en cuir et une table, sans qu'il soit jamais permis d'y porter d'autres meubles.

33. D. Quelle est l'attention que doit avoir un chef de poste pendant sa garde?

R. Il ne doit donner à boire ou à manger dans son poste qu'aux hommes de service; il ne devra pas y *laisser jouer*.

34, Il veillera, pendant la durée de sa garde,
35. sur les soldats, pour leur faire remplir leurs
devoirs ; Ils se promènera souvent au dehors
de son poste, afin de mieux voir ce qui s'y
passera.

36. Il fera faire l'appel de sa garde toutes les
fois qu'on relèvera les sentinelles, et plus souvent s'il le juge à propos.

37, Il la fera sortir aussi souvent qu'il le jugera
38, nécessaire, avec ou sans armes, pour habi-
39. tuer les soldats à se former promptement, et
punira les paresseux; il la contiendra dans le plus grand ordre et le plus grand silence toutes les fois qu'elle sera sous les armes, et ne permettra à aucun soldat de s'écarter, même pour manger, leurs camarades devant leur apporter leurs vivres au poste.

40. D. Comment sont infligées les punitions
aux soldats de garde?

R. Ceux qui méritent d'être punis pour des fautes ordinaires seront condamnés à faire les corvées de la garde; et, dans les cas graves, le commandant du poste les fera arrêter et en rendra compte au commandant de la place.

41. D. Un soldat de garde pourra-t-il être
arrêté sans la participation du chef de poste?

R. Il ne pourra l'être dans aucun cas.

43. D. Comment seront relevées les sentinelles?

R Elles seront relevées de deux en deux heures.

Pendant les fortes gelées elles pourront

être relevées d'heure en heure ; mais le commandant de la place en avertira à l'ordre.

44. D. Quelle attention devra-t-on avoir pour placer les sentinelles ?

R. Autant qu'il se pourra, il n'en sera jamais placé qu'elles ne puissent être entendues de leur poste ou communiquer avec lui par des sentinelles intermédiaires.

45, 46. D. Que devra faire le caporal de pose avant de conduire les hommes en faction ?

R. Avant que de partir du poste il les présentera toujours au chef du poste, qui les fera mettre en haie et en passera l'inspection.

47. D. Comment sont réglés les lieux où chaque sentinelles devra être posée ?

R. Le commandant du poste fixera ces positions avant leur départ pour la pose, de manière que les plus vieux soldats soient mis devant les armes et aux postes avancés, et les soldats de recrue dans les postes voisins de la garde, afin que les officiers et sous-officiers soient à portée de les instruire de leurs devoirs.

48. D. Comment le caporal de pose conduira-t-il ces hommes en faction ?

R. Il portera l'arme dans le bras droit, et toutes les sentinelles le suivront, portant leurs armes, sans qu'aucune d'elles puisse prendre un chemin plus court pour aller l'attendre au lieu où elle saurait devoir être placée.

49. D. Par où commencera le caporal de pose ?

R. Il commencera par la sentinelle de devant les armes qui, seule, ne sera pas tenue de le suivre après avoir été relevée; il ira ensuite relever les sentinelles les plus éloignées, qui, après l'avoir été, le suivront en ordre.

50. D. Comment les sentinelles se relèveront-elles?

R. Elles porteront les armes au commandement du caporal, et elles se donneront la consigne en présence dudit caporal, qui s'avancera seul pour l'entendre donner, les sentinelles qui ne seront pas encore posées ou qui seront déjà relevées devant s'arrêter à six pas derrière lui.

51. D. La consigne étant donnée, que fera le caporal?

R. Il commandera: *Portez vos armes, marche.* Au premier commandement, l'ancienne et la nouvelle sentinelles porteront leurs armes, et au deuxième le caporal et l'ancienne sentinelle rejoindront les autres pour continuer la pose ou pour retourner au poste si elle est finie.

52. D. Sur quoi devra porter l'attention du caporal en posant les sentinelles?

R. Il devra examiner si, dans les guérites ou à côté, il n'aura pas été mis des pierres pour s'asseoir, et si les fenêtres des guérites ne sont pas bouchées, auquel cas, il en rendra compte au commandant du poste, afin que la sentinelle trouvée en défaut soit punie.

En rentrant de sa pose le caporal rendra toujours compte au commandant du poste et lui présentera les anciennes sentinelles.

53. D. Que devront observer les sentinelles lorsqu'on se présentera pour les relever ou leur donner une nouvelle consigne?

R. Elles ne se laisseront jamais relever ou donner d'autre consigne que par le caporal de leur poste.

54. D. Comment les sentinelles devront-elles être armées en faction?

R. Elles devront toujours avoir la baïonnette au bout du fusil sans couvre-platine; elles porteront l'arme au bras, reposeront dessus, et pourront la porter sous le bras gauche pendant le mauvais temps.

55. D. Quelle attention particulière devront avoir les sentinelles.

R. Elles ne devront jamais quitter leurs armes, même dans la guérite, ni s'asseoir, lire, chanter, siffler ou parler à personne sans nécessité, ni en se promenant s'écarter de leur poste à plus de *trente* pas.

56. Elles ne souffriront pas non plus qu'il soit fait des ordures ou dégradations aux environs de leur postes.

57, 73. Toute sentinelle prise en contravention sur quelqu'un de ces objets ou qui manquera à sa consigne sera punie de huit jours de prison ou plus rigoureusement, suivant l'exigence du cas.

*Si le fait est grave, elle sera relevée sur-le-champ et arrêtée par ordre du commandant du poste.*

58. D. Quels sont les honneurs à rendre par les sentinelles pendant le jour?

R. Elles s'arrêteront, feront face en tête et porteront les armes, lorsqu'il passera à portée d'elles, soit une troupe, soit des officiers de tel régiment qu'ils soient; elles présenteront les armes pour les officiers généraux, pour le commandant et le major dè la place, et pour les officiers supérieurs.

59. Les sentinelles postées sur le rempart feront face aux personnes qui passeront près d'elles, s'arrêteront, porteront ou présenteront les armes dans cette position.

60. D. Quels honneurs rendront-elles pendant la nuit?

R. Elles présenteront les armes quand les rondes et patrouilles passeront.

61. D. Quelles armes auront les sentinelles près des magasins à poudre?

R. Elles y feront faction avec une hallebarde et poseront leurs armes dans la guérite.

A cet effet le garde d'artillerie fournira deux hallebardes, sur l'ordre du commandant de la place; et s'il n'y en a pas, on leur fournira d'autres armes de longueur et de défense.

62. D. Les sentinelles resteront-elles dans leur guérite?

R. Elles ne devront y rester que pendant le mauvais temps, et même elles en sortiront toutes les fois qu'elles verront s'approcher d'elles, pendant le jour, un officier général ou supérieur, et pendant la nuit, une troupe quelle qu'elle soit.

63. **D.** Que fera la sentinelle qui verra ou entendra quelqu'un en querelle auprès de son poste ?

**R.** Elle devra crier : *A la garde ;* ce qui passera de sentinelle en sentinelle jusqu'au poste, qui enverra plusieurs fusiliers sous les ordres d'un caporal ou sous-officier pour arrêter les querelleurs.

64. **D.** Que doit faire une sentinelle qui aperçoit un incendie ?

**R.** Elle doit crier : *Au feu*, pour que cela parvienne jusqu'au poste.

65, **D.** Que devront faire les sentinelles placées
66. devant les armes, lorsqu'elles apercevront un officier général, le commandant de la place et tout autre pour qui la garde devra prendre les armes ou sortir de son poste ?

**R.** Lorsque la garde devra prendre les armes, elles crieront : *Aux armes ;* et lorsqu'elle devra sortir sans armes elle criera : *Hors la garde.*

67. **D.** Quelle attention devront avoir les sentinelles qui garderont un magasin quel qu'il soit ?

**R.** Elles ne devront y laisser entrer personne qu'après en avoir averti le caporal de garde et qu'après que le commandant du poste aura examiné si les personnes qui demandent à y entrer sont réellement chargées d'en prendre soin.

68, **D.** Que feront les sentinelles pendant la
69. nuit ?

R. Elles ne se laisseront approcher par qui que ce soit; elles crieront d'une voix forte: *Qui vive?* et ne laisseront passer personne qu'il ne leur ait été répondu de façon à se faire connaître.

70. D. Que devra faire une sentinelle qui aura crié trois fois: *Qui vive?* si on continue de s'approcher sans répondre?

R. Elle criera: *Halte-là* et avertira qu'elle va tirer; et si malgré cet avertissement on continue de s'avancer pour vouloir la forcer, elle tirera et appellera la garde.

71. D. Que feront les sentinelles placées sur les remparts pendant la nuit?

R. Elles n'y laisseront passer absolument que les rondes et patrouilles.

72. D. Que fera la sentinelle placée devant les armes qui apercevra une ronde ou patrouille?

R. Elle criera: *Qui vive?* et lorsque la ronde ou patrouille se sera annoncée, elle criera: *Caporal, hors la garde, ronde ou patrouille*, en expliquant l'espèce de ronde.

D. Que fera alors le caporal?

R. Il sortira du corps-de-garde, se fera éclairer par un soldat, s'avancera à la sentinelle et criera: *Qui vive?* Lorsqu'on lui aura répondu et qu'elle aura reconnu la ronde ou patrouille, il criera: *Avance qui a l'ordre*, présentera les armes pour se mettre en état de défense, recevra le mot, et si c'est celui qui a été donné à l'ordre de la place il laissera passer.

76. D. Quelle attention doivent avoir les commandans des gardes aux portes ?

R. Ils ne doivent laisser entrer aucun militaire autre que la garnison sans s'être fait représenter son congé; ils feront arrêter ceux qui se présenteront sans en être munis, et en rendront compte sur-le-champ au commandant de la place.

77. Ils arrêteront tous les sous-officiers et soldats de la garnison qui se présenteront pour sortir de la place sans être munis d'une permission ou sans être conduits par des officiers.

78. Ils ne laisseront entrer aucun étranger sans le faire interroger par le portier-consigne; s'il n'y en a pas, ils tiendront registre de leurs réponses.

79. D. Que fera-t-on alors de ces étrangers ?

R. Ils seront conduits par un ou deux fusiliers, suivant leur nombre, à l'officier de garde à la place d'armes.

80. Si ces étrangers sont d'une certaine considération, ils ne seront point conduits ; les consignes aux portes, ou à leur défaut les chefs de postes, dresseront sur-le-champ un billet indiquant l'arrivée et l'adresse de ces étrangers, et enverront ledit billet au commandant de la place.

81. D. Devra-t-on laisser entrer les mendians qui se présenteront aux portes ou avancées ?

R. On ne les laissera entrer qu'autant qu'ils seront avoués ou munis d'un passeport.

82. D. Que fera la sentinelle de l'avancée qui découvrira une troupe ?

R. Elle appellera la garde qui prendra les armes sur-le-champ.

83. D. Que fera alors le commandant du poste ?

R. Dès que cette troupe sera à environ 300 pas du glacis ou de la barrière, il l'enverra reconnaître par 4 fusiliers et un sous-officier qui s'avancera à 30 pas en avant des sentinelles, et lorsque la troupe sera à portée de l'entendre, il fera apprêter les armes à ses soldats et criera : *Qui vive?* lui ayant répondu : *France;* il criera *de quel régiment?* et quelque réponse qui lui ait été faite, il criera : *Halte-là!* Si après l'avoir répété 3 fois, la troupe avançait toujours, il fera faire *feu* sur elle, et se retirera derrière la première barrière, qu'il fermera, et il y tiendra ferme; pendant ce temps-là l'officier de garde fera promptement lever les ponts et détachera la moitié de sa garde sur le rempart, pour faire feu et protéger son avancée.

84. D. Si cette troupe s'arrête, que fera le sous-officier ?

R. Lorsqu'elle lui aura répondu, il devra s'avancer seul pour la reconnaître de plus près, ne devant se fier ni à l'uniforme, ni aux marques distinctives; il mènera le commandant de ladite troupe au commandant de son poste qui examinera lui-même ledit officier, le retiendra à son poste et informera le commandant de la place.

La troupe arrivante restera en dehors de la première barrière, jusqu'à ce que le commandant de la place ait envoyé l'ordre de la faire entrer.

Le poste restera sous les armes jusqu'à ce que cette troupe soit entrée.

85. D. Quelles précautions doit prendre le commandant de la place à l'égard des troupes de la garnison qui seraient sorties pour l'exercice ?

R. Elles ne sortiront jamais sans qu'il soit prévenu de l'heure et de la porte par laquelle elles veulent sortir, et il devra donner des ordres pour qu'on les laisse entrer sans retard, après toutefois les avoir fait reconnaître.

Les tambours des troupes qui entreront battront aux champs dès la première barrière, ainsi que les tambours des gardes devant lesquelles ils passeront.

86. D. Que fera le commandant du poste s'il se présente aux portes des tambours venant des ennemis?

R. Il les fera entrer sur-le-champ au corps-de-garde de l'avancée et rendra compte au commandant de la place.

87. D. Que fera le chef du poste s'il se présente des déserteurs des puissances voisines ou ennemies?

R. Il ne souffrira point qu'ils parlent à personne et les fera conduire de suite chez le commandant de la place.

En temps de guerre ils seront toujours désarmés. S'ils arrivent en trop grand nombre, le commandant du poste les fera arrêter à la première barrière, et enverra avertir le commandant de la place.

88. D. S'il se présente des voitures couvertes à la porte devra-t-on les visiter?

R. Lorsqu'elles paraîtront suspectes, elles seront visitées par le portier-consigne de la porte avec un caporal et quelques fusiliers.

89. D. Que feront les sentinelles des portes lorsque des voitures se présenteront pour passer sur les ponts?

R. Celle de la barrière criera : *Arrête là-bas!* ce qui sera répété de sentinelle en sentinelle jusqu'à celle de la porte de la place : cette dernière empêchera alors toute voiture de sortir, et s'il n'y en a point entre les portes elle criera : *Marche!* ce qui sera répété de sentinelle en sentinelle jusqu'à celle de l'avancée, qui fera défiler les voitures de distance en distance, de manière que tous les ponts ne soient point embarrassés en même temps et que l'on puisse toujours en lever un en cas de besoin.

90. D. Que fera le commandant du poste si quelque chariot venait à casser sur les ponts?

R. Il fera lever les autres ponts et fera prendre les armes à sa garde jusqu'à ce que ledit chariot ait été retiré.

91. D. Quelle attention doivent avoir les sentinelles à l'égard des voitures passant sur les ponts?

R. Elles ne souffriront qu'aucune voiture

s'arrête entre les portes, ni sous les ponts-levis ou sous les orgues, grilles ou herses; et elles empêcheront aussi de trotter et galoper sur les ponts-levis.

92. D. Que fera la sentinelle de la porte pendant que les voitures du dehors entreront?

R. Elle fera ranger celles qui se présenteront pour sortir, de manière qu'elles n'embarrassent point le passage, et lorsque toutes les voitures seront passées, cette sentinelle criera à son tour : *Arrête là-bas!* Cette parole étant passée à la sentinelle de l'avancée elle répondra : *Marche;* alors la sentinelle de la porte fera mettre en marche les voitures qui voudront sortir avec les précautions ci-dessus détaillées.

94. D. Quelle est la garde qui sera principalement chargée de la police de la place?

R. C'est la garde d'infanterie; on renverra à son poste tous les gens sans aveu, et les soldats ou habitans faisant du désordre.

95. D. Quels sont les devoirs de l'officier commandant cette garde?

R. Il interrogera tous les étrangers et fera conduire tous ceux venant des puissances étrangères, ou y allant, chez le commandant de la place. Quant aux autres, il pourra être chargé, par le commandant de la place, de les examiner et les laisser passer si cela lui paraît sans inconvénient, sinon de les faire conduire chez le major de la place.

96. D. Dès que les portes seront fermées, que feront les caporaux de garde?

R. Ils poseront les sentinelles d'augmentation pour la nuit, dans les postes qui leur auront été marqués.

Ils les instruiront avec exactitude de leurs devoirs, et visiteront les autres pour leur faire répéter leur consigne.

97, D. Que feront les commandans des postes
98. de l'intérieur immédiatement après la fermeture des portes?

R. Ils enverront sur la place d'armes un sous-officier si le poste est commandé par un officier; s'il est commandé par un sous-officier il enverra un caporal, et s'il est commandé par un caporal il enverra un appointé, afin de prendre le mot au cercle.

Ces sous-officiers, caporaux et soldats se placeront suivant le rang d'ancienneté de leur régiment.

99. D. Comment les postes extérieurs recevront-ils le mot?

R. Ils le recevront d'un officier major de la place, avant la fermeture des portes.

Ceux qui seront éloignés enverront à l'avancée de la porte la plus voisine pour le recevoir dudit officier major.

100. D. Quelle attention devront avoir tous les chefs de poste pendant la nuit?

R. Ils redoubleront de vigilance pendant la nuit, pour que les poses, patrouilles et factions soient faites avec exactitude.

101. D. Que feront les caporaux après l'ouverture des portes?

R. Ils retireront les sentinelles d'augmentation pour la nuit, et feront nettoyer et balayer le corps-de-garde, le dessous des portes, les ponts et les environs de leurs postes; ces corvées seront faites par des soldats qui tireront au sort à cet effet.

102. D. Que feront les caporaux de consigne de tous les postes à 9 heures du matin?

R. Ils porteront chez le major de la place les registres et les boîtes de rondes et patrouilles, avec le rapport par écrit signé du commandant du poste, de tout ce qui aura pu arriver pendant la nuit ou à l'ouverture des portes.

103. D. Que feront tous les postes une heure avant que les gardes défilent?

R. Ils enverront chacun un soldat d'ordonnance à la parade pour ramener le détachement qui devra relever leur poste. Ce soldat se placera à 20 pas des gardes en face du détachement qu'il devra conduire.

104. D. Que feront les gardes en cas d'alarme?

R. Elles prendront les armes : si c'est pendant le jour, les chefs de poste aux portes feront fermer sur-le-champ les barrières et lever les ponts-levis de l'avancée, et ils en donneront connaissance au commandant de la place.

Au surplus toutes les gardes se conformeront, suivant l'alarme, aux consignes particulières de leur poste.

105. D. Que feront les commandans des postes en cas d'incendie?

R. Celui du premier poste où l'on s'en apercevra enverra sur-le-champ un caporal et deux soldats pour voir s'il est dangereux, et s'il paraît tel au caporal, il l'enverra dire au commandant du poste, qui y enverra un autre caporal ou un appointé et six hommes ou plus, si la force de son poste le permet, pour empêcher le désordre et ne laisser approcher que ceux qui porteront du secours.

106. D. Que doit faire en outre le commandant du poste?

R. Il doit faire avertir le commandant de la place et le chef du poste de la place d'armes, qui enverra également un détachement proportionné à la force de sa garde.

Ces détachemens rentreront à leur poste aussitôt après l'arrivée des détachemens de la garnison.

109. D. Quelle attention devront avoir les gardes les jours de foire et marché?

R. la moitié se tiendra alternativement sous les armes, et chacune d'elles fera des patrouilles continuelles dans les rues voisines de son poste.

---

## TITRE XII.

### *De l'ouverture et de la fermeture des portes.*

1. D. A quelle heure seront fermées les portes?

R. En temps de paix comme en temps de

guerre on les fermera une demi-heure après le coucher du soleil, et elles ne seront ouvertes qu'une demi-heure avant son lever, à moins d'une nécessité absolue.

2. D. Entre les mains de qui resteront les clefs des portes ?

R. Entre les mains du commandant de la place et enfermées chez lui dans un coffre de bois ferré.

5. D. Que fera le tambour de garde une heure avant la fermeture des portes ?

R. Il montera sur le parapet du rempart pour y battre la retraite.

6. D. Quel signal donnera-t-on à la même heure pour avertir les habitans ?

R. On sonnera une cloche à ce destinée.

7, 8. D. Comment seront remises les clefs pour la fermeture des portes ?

R. Une demi-heure après que la cloche aura sonné, deux soldats de chacune des gardes aux portes, et les portiers s'il y en a, iront chercher les clefs chez le commandant de la place, où ils trouveront un aide-major ou sous-aide-major de la place chargé de leur distribuer les clefs.

9. D. Que feront ces soldats lorsque les clefs auront été remises aux portiers ?

R. Ils retourneront immédiatement à leur poste, faisant marcher entre eux le portier chargé des clefs.

10. D. Dans les places où il n'y aura point de portiers établis, par qui seront rapportées les clefs ?

R. Elles seront remises à un de ces deux soldats qui sera sans armes et qui, après qu'il les aura reçues, s'en retournera sans perte de temps, escorté de l'autre soldat armé.

11. D. Que fera le commandant du poste avancé en même temps qu'on ira chercher les clefs?

R. Il détachera un sous-officier et quatre fusiliers pour se placer à la première barrière, avec ordre d'examiner, encore plus soigneusement que dans le reste du jour, les personnes qui pourraient s'y présenter.

Si ce poste n'est pas assez fort, ce petit détachement sera fourni par la garde de la porte.

12. D. Que fera le commandant du poste à l'arrivée des clefs?

R Il fera prendre les armes à sa garde et attendra, pour la fermeture, l'arrivée de l'officier major de la place.

13. D. Cet officier étant arrivé, que fera le commandant du poste?

R. Il portera sa garde près de la porte, la partagera en double haie, fera présenter les armes, et fera avancer deux fusiliers jusque sur le pont-levis.

14. D. Que fera-t-il ensuite?

R. Il donnera deux autres fusiliers, pour l'escorte des clefs, à l'officier major, qui se portera avec eux à la barrière la plus avancée pour la fermer à clef après avoir retiré les sentinelles extérieures.

16. **D.** Que fera ensuite l'officier major?

**R.** Il fermera successivement, en retournant vers la place, les autres portes et barrières, et fera lever les ponts-levis.

17. **D.** Que fera le caporal de consigne?

**R.** Il éclairera avec un falot celui qui fermera les portes.

18. **D.** Que feront les commandans des gardes à qui les portes sont confiées?

**R.** Ils détacheront des soldats de la garde avec leurs armes en bandouillère pour aider aux manœuvres nécessaires, et s'assureront à mesure qu'on fermera, que les verrous, serrures et cadenas soient effectivement fermés.

19. **D.** Pendant le temps que durera la fermeture, que fera le tambour de garde?

**R.** Il battra aux champs sur le parapet du rempart.

Il ne battra cependant pas si on ouvre les portes pendant la nuit; toute batterie devant cesser depuis la retraite jusqu'au jour, hors le cas d'alarme.

20, **D.** Que fera-t-on des clefs après la fer-
21. meture?

**R.** Elles seront reportées chez le commandant de la place dans le même ordre qu'on aura été les chercher, et, après les avoir mises sur une table, les deux qui les auront escortées resteront pour les garder jusqu'à ce qu'ils soient relevés par ceux d'une autre porte, et ainsi de suite jusqu'à ce que l'officier chargé de les rassembler les fasse renfermer.

23. D. Que feront tous les tambours de garde aux portes, au point du jour?

R. Ils monteront sur le parapet et y battront la *diane*.

24. D. A quelle heure ira-t-on chercher les clefs pour ouvrir les portes?

R. Une demi-heure avant l'ouverture.

24. D. Que fera la garde pendant ce temps?

R. Elle prendra les armes et se placera comme il a été prescrit pour la fermeture.

25. D. Quelles précautions prendra l'officier de garde avant d'ouvrir les portes?

R. Il fera monter des sous-officiers sur le rempart pour écouter et découvrir s'il ne se passe rien dans le dehors de la place.

26. D. Que devra-t-on faire à mesure que l'officier major de la place, suivi des gens nécessaires pour ouvrir les portes, et les détachemens nécessaires pour faire la découverte, passera les ponts-levis et barrières pour arriver à la plus avancée?

R. On relèvera lesdits ponts-levis et on fermera les barrières derrière lui.

27. D. Que fera le chef du poste à la porte lorsqu'il n'y aura pas de garde à l'avancée?

R. Il enverra un petit détachement pour accompagner l'officier major de la place.

30. D. Que fera-t-il ensuite s'il n'y a pas un détachement commandé pour les découvertes?

R. Il y suppléera par un sous-officier et quelques soldats de sa garde, qu'il instruira de ce qu'ils auront à faire.

31. D. Que fera l'officier major lorsqu'il sera arrivé à la barrière la plus avancée ?

R. Il l'ouvrira et la refermera après la sortie du détachement chargé de la découverte.

32. D. Si lors de cette première ouverture des portes il se présente des personnes pour sortir de la place, que devra-t-on faire ?

R. On ne le leur permettra que sur un ordre par écrit du commandant de la place, et on les fera retirer en dedans, à 30 pas du corps-de-garde.

On obligera également ceux qui se présenteront pour entrer, de se retirer à cent pas, jusqu'à l'entière ouverture des portes.

33. D. Que fera le commandant du détachement qui aura fait la découverte à son retour ?

R. Il rendra compte au commandant du poste de ce qu'il aura vu : sur son rapport, et après que les voitures qui attendront auront été reconnues les portes seront ouvertes et les ponts-levis baissés.

D. Que fera la garde pendant ce temps ?

R. Elle restera sous les armes jusqu'à ce que tout soit rentré dans la place.

34. D. Quelles précautions devra-t-on prendre lorsqu'il fera assez de brouillard pour qu'on ne puisse voir à une certaine distance ?

R. On n'ouvrira pas entièrement les barrières avant que le brouillard ne soit dissipé, et la moitié de la garde de l'avancée restera alternativement près de la première barrière.

## TITRE XIII.

### *De l'Ordre et du Mot.*

1. D. A quelle heure donnera-t-on l'ordre et le mot ?

R. L'ordre sera donné tous les jours sur la place d'armes après que la garde aura défilé, et le mot se donnera le soir après la fermeture des portes.

2. D. Qu'est-ce que le mot ?

R. Le mot est de deux espèces : l'un de ralliement, pour les gardes des postes extérieurs; et l'autre général, pour les postes intérieurs de la place.

3, 4. D. A qui sera donné l'ordre? (1)

R. Aux sergens-majors qui se rendront sur la place d'armes en même temps que les nouvelles gardes, et se placeront en bataille vis-à-vis du terrain où devra défiler la nouvelle garde et derrière le corps des officiers de leur régiment.

5, 6. D. Par qui sera donné l'ordre ?

R. Le major de la place, après avoir pris les ordres du commandant de la place, relatifs au service, ordonnera aux tambours de battre à l'*ordre* après que la garde aura défilé.

(1) Voir le deuxième § de l'art. 116 de l'Ordonnance du 2 novembre 1833.

7, 8. D. Que feront les sergens-majors, sergens et caporaux d'ordinaire à ce signal?

R. Ils formeront un cercle qui commencera par ceux du plus ancien régiment et finira par ceux du moins ancien.

Les caporaux se placeront à 4 pas derrière les sous-officiers de leur compagnie, après avoir fait demi-tour.

11, D. Que fera le major de la place lorsque
12. le cercle sera formé ?

R. Il y entrera avec un officier major.

Le major de la place nommera les officiers de garde, de ronde, de visite d'hôpital et d'autres services; il donnera le nombre de postes que chaque régiment devra fournir pour la garde de la place, ainsi que les divers détachemens, escortes ou corvées, et expliquera les ordres particuliers du commandant de la place, après quoi on commandera : *Rompez le cercle.*

13. D. Que feront les sous-officiers à ce commandement?

R. Ils rompront le cercle général pour en former un particulier par régiment.

15. D. Ce cercle étant formé, que fera le major ou l'aide-major du régiment?

R. Il y expliquera en détail les ordres donnés aux grands cercles, nommera les officiers et sous-officiers de service, réglera le nombre d'hommes à fournir par chaque compaguie pour les différens services, indiquera les heures des exercices et des distributions ; il donnera les ordres particuliers du commandant du régiment et fera rompre le cercle.

16. D. Que fera le sergent-major de chaque compagnie, lorsque le cercle sera rompu ?

R. Il rendra l'ordre aux officiers de sa compagnie qui devront rester sur la place jusqu'à ce qu'ils l'aient reçu.

D. Que fera alors l'adjudant ?

R. Il réunira les sous-officiers et les ramènera à leur quartier, dans le même ordre qu'ils seront venus.

D. Par qui sera rendu l'ordre aux compagnies ?

R. Par les sergens-majors aussitôt après leur arrivée ?

17. D. Dans le cas où un officier commandé pour un service quelconque, ne serait pas trouvé sur la place, par qui en serait-il instruit ?

R. Le sergent-major ou un sergent de sa compagnie sera tenu d'aller jusqu'à son logement, pour lui porter l'ordre, et s'il ne l'y trouve point, il laissera par écrit ce qui le concerne.

Le sergent-major ou un sergent doit porter l'ordre au capitaine.

20. D. Comment seront donnés le mot d'ordre et le mot de ralliement ?

R. Une heure avant la fermeture des portes, le major de la place prendra d'abord le mot de ralliement qu'il distribuera aux officiers-majors chargés de la fermeture des portes, afin qu'ils le donnent aux postes extérieurs lors de cette fermeture.

21. D. Que fera ensuite le major ?

R. Il prendra le mot d'ordre pour le distribuer sur la place d'armes aux sous-officiers de service, après la fermeture des portes.

22, D. Comment sera donné le mot d'ordre ?

23. R. Le major de la place fera battre à *l'ordre*, et à ce signal tous les sous-officiers et appointés formeront un cercle d'après l'ancienneté de leur régiment.

24. L'officier de garde à la place enverra un caporal et six fusiliers qui se porteront à quatre pas de ce cercle et présenteront les armes en dehors.

25. D. Que fera ensuite le commandant de la place ?

R. Il entrera alors dans le cercle, précédé du caporal de consigne du poste de la place, qui portera un falot pour l'éclairer et donnera l'ordre, en commençant par le sergent qui est à la droite, qui le donnera à celui qui est à sa gauche, et ainsi de suite jusqu'à ce qu'il soit arrivé au dernier appointé qui le rendra au major de la place.

26. D. Que fera le major de la place lorsqu'il aura reçu le mot ?

R. S'il trouve qu'il ait été changé, il le donnera une seconde fois dans la même forme ; ce qui sera répété autant de fois qu'il sera nécessaire.

D. Comment sera reçu le mot d'ordre par ceux qui composent le cercle ?

R. Ils le recevront, la main gauche au schako et l'arme dans le bras droit.

27, 28. D. Comment les sous-officiers rendront-ils le mot à leur chef de poste ?

R. Le major de place ayant donné l'ordre de rompre le cercle, ils retourneront aussitôt à leur poste porter le mot au commandant, et le lui donneront à l'oreille, ayant la main au schako, et les officiers le recevront de même.

---

## TITRE XIV.

### *De la Retraite et des Patrouilles de police.*

1. D. A quelle heure sera battue la retraite ?

R. Une demi-heure après le mot donné.

2. D. Par qui sera-t-elle battue ?

R. Par tous les tambours de la garnison, qui seront conduits en ordre par les tambours majors une demi-heure avant la fermeture des portes, sur la place d'armes, où ils se formeront sur un ou plusieurs rangs et attendront l'heure pour la battre.

3. D. Par qui sera donné le signal ?

R. Par le tambour-major du plus ancien régiment, et tous les tambours commenceront à battre à la fois, ils continueront ensuite jusqu'au quartier de leur régiment.

4. D. Lorsqu'il y aura des régimens étrangers

dans la place, dans quel ordre marcheront-ils ?

**R.** Les tambonrs français partiront ensemble les premiers, et ceux de ces régimens séparément et à leur suite.

5. **D.** Les commandans de place pourront-ils affecter aux tambours des différens régimens, des quartiers pour battre la retraite ?

**R.** Ils le pourront ; et alors étant partis tous ensemble de la place d'armes, les tambours se sépareront pour aller, chaque troupe, au quartier qui lui sera désigné, et ils cesseront de battre au lieu qui leur aura été fixé.

6. **D.** A quelle heure se fera l'appel dans les quartiers ou logemens des troupes ?

**R.** Une demi-heure après la retraite.

7. **D.** A quelle heure sera sonnée la retraite des bourgeois ?

**R.** A dix heures du soir, par la cloche du beffroi ou autre à ce destinée.

8. **D.** Quelle attention auront les sentinelles une heure après la retraite des bourgeois ?

**R.** Elles ne laisseront passer aucune personne dans les rues, soit officier ou bourgeois, s'il ne porte ou fait porter du feu devant lui.

9,
10. **D.** Comment seront commandées les patrouilles ?

**R.** Tous les soirs, à l'ordre des postes, le major de place commandera celles nécessaires pour parcourir les rues de la place depuis le commencement de la nuit jusqu'au jour. Le commandant de la place en réglera le nombre, ainsi que le terrain qu'elles devront parcourir.

11. D. Comment ces patrouilles seront-elles fournies ?

R. Elles seront tirées des postes intérieurs de la place et commandées par un caporal ou appointé. Dès que la retraite des bourgeois sera sonnée, il y aura à celles du poste de la place un sergent de ville ou un habitant pour chacune.

12, D. Quelles précautions prendra la place
13. pour s'assurer que ces patrouilles se font exactement ?

R. Il leur sera donné des marrons (*pièces de cuivre ou de fer blanc*) sur lesquels le numéro et l'heure des patrouilles seront écrits, et lesdites patrouilles seront obligées de les porter ou déposer dans des boîtes, à certains postes qu'on leur désignera.

Ces marrons seront distribués à la garde montante et remis à l'ordonnance de chaque poste.

Les boîtes destinées à les recevoir porteront le nom du lieu où elles seront mises et le major de place en aura les clefs.

14. D. Comment ces boîtes seront-elles vérifiées ?

R. Tous les matins le caporal de consigne portera ladite boîte chez le major de place qui vérifiera, au moyen des marrons, si les patrouilles ont été faites exactement, et rendra compte au commandant afin que ceux qui ne les auraient pas faites soient punis.

15, D. Quel sera le devoir des patrouilles ?
16, R. Elles arrêteront toutes les personnes qui
17. auraient des débats ou querelles, et les conduiront au major de place.

Elles arrêteront également tous les soldats qui feront du désordre, ou qui, après la retraite, se trouveraient dans les rues ou cabarets, ainsi que les bourgeois trouvés sans feu ou faisant du désordre, et les uns et les autres seront conduits au poste de la place où ils resteront jusqu'au lendemain matin ; il en sera donné avis au commandant de la place.

18. D. Qu'observeront en outre les commandans des patrouilles ?

R. Ils observeront la vigilance des sentinelles postées sur leur chemin et informeront sur-le-champ le commandant du poste et le lendemain le major de place, de celles qu'ils auront trouvées en faute.

19. D. Que feront deux patrouilles qui se rencontreront ?

R. La première qui découvrira l'autre, criera : *Qui vive?* L'autre répondra : *Patrouille*, et de quel régiment. La première s'annoncera ensuite ; et si leur chemin est de se joindre, le sous-officier du moins ancien régiment ou de la moins ancienne compagnie donnera le mot à l'autre.

## TITRE XV.

### *Des Rondes.*

1, 2. **D.** Comment sera réglé le nombre des rondes et leur espèce?

**R.** Le commandant de la place les réglera de manière que chacun des officiers et sergens ne soit commandé que tous les quinze jours pour ce service. Il fixera également les heures où elles devront être faites (1).

4. **D.** Comment suppléera-t-on au manque de sous-officiers pour les rondes, pendant la saison des sémestres ou quand les garnisons seront trop faibles pour en fournir assez?

**R.** On y suppléera en employant à une partie de ces rondes, les sergens de garde aux postes commandés par des officiers.

5. **D.** Comment le mot sera-t-il donné aux officiers et sous-officiers de ronde?

**R.** Ils le prendront du sergent du poste d'où ils devront partir pour la commencer.

6, 7. **D.** Quel espace devront parcourir les rondes?

**R.** Elles feront le tour du rempart en entier,

(1) Les officiers et sous-officiers des compagnies de grenadiers ou carabiniers et de voltigeurs, concourent au service des rondes avec ceux des compagnies du centre. (Décision du 13 sept. 1834, pag. 147.)

en revenant aboutir au poste d'où elles sont parties.

Dans les places d'une grande étendue, on les réglera de manière que chaque officier ou sergent ne parcoure que la moitié ou le tiers du rempart.

8. D. Y aura-t-il plusieurs rondes à la fois?

R. Lorsque les commandans de place le jugeront nécessaire, ils ordonneront une ronde de sergent en même temps qu'une ronde d'officier, et ces deux rondes prendront les deux chemins opposés pour se croiser au milieu de celui qu'elles auront à parcourir.

9, D. Feront-ils faire d'autres rondes ?

10. R. Ils pourront aussi faire faire en temps de guerre ou dans des circonstances extraordinaires, des contre-rondes qu'ils feront partir des postes intermédiaires.

11. D. Gardera-t-on un enregistrement de ceux qui feront les rondes ?

R. Le major de place tiendra un registre où seront écrits chaque jour le nom et le grade des officiers, le nom et la compagnie des sergens qui auront fait des rondes, ainsi que les différentes heures qui leur seront échues.

12, D. Comment seront commandés les officiers
13. et sergens de ronde?
14, R. De la même manière que les autres
15. officiers et sergens de service.

Les fourriers des compagnies auxquelles ils appartiendront, tireront ces rondes au sort en même temps que les postes de ceux qui montent la garde. Ces fourriers recevront en même temps autant de marrons (où l'heure de la ronde sera empreinte) qu'il y aura de boîtes sur le chemin que chaque ronde aura à parcourir, et les remettront à l'officier ou sergent en y joignant par écrit l'heure et le poste où ils devront commencer.

16, **D.** Que fera-t-on pour s'assurer si les
17, rondes se font exactement ?
18. **R.** Il y aura des corps-de-garde désignés où les officiers et sergens de ronde signeront sur un registre destiné à cet usage, en observant de ne laisser aucun intervalle entre leurs noms et ceux qui précèdent, et d'ajouter l'heure de leur ronde ; et, d'autres corps-de-garde où indépendamment de leur signature ils laisseront un marron.

19. **D.** Comment seront vérifiés les registres de ronde et les boîtes à marrons ?

**R.** De la même manière que les boîtes destinées aux patrouilles.

20. **D.** Les officiers pourront-ils faire leurs rondes à cheval ?

**R.** Ils devront toujours les faire à pied.

21, **D.** Comment les officiers et sergens feront-
22. ils leur ronde ?

**R.** Les officiers se feront précéder d'un falot, porté par un soldat du premier poste où ils commenceront leur ronde et ils seront tenus de l'y rapporter.

23. **D.** Quelle attention devront-ils avoir pendant leur ronde ?

R. Ils suivront exactement le parapet des ouvrages, examineront si les sentinelles sont exactes à leur faction, si elles ne dorment pas ou s'il n'en manque point, et monteront de temps en temps sur le parapet pour voir, ou écouter ce qui se passe au dehors.

24, 25. D. Que devront-ils faire s'ils découvrent quelque chose d'extraordinaire?

R. Si ce n'est que contre le bon ordre et la police, ils préviendront seulement le chef du poste le plus voisin pour qu'il y soit remédié et instruiront le lendemain, par écrit, le major de la place, et si, au contraire, ce qu'ils auront découvert intéresse la sûreté de la place ils iront eux-mêmes l'en informer sur-le-champ.

26. D. Comment les officiers ou sous-officiers de ronde devront-ils donner ou recevoir le mot?

R. Ils mettront une main sur la garde de l'épée, sans porter l'autre au schako.

27. D. Que feront les deux rondes qui se rencontreront?

R. La première qui découvrira l'autre, criera : *Qui vive?* l'autre répondra *Ronde!* et s'étant reconnues, lorsqu'elles se joindront, celui qui sera inférieur en grade ou du moins ancien régiment, s'ils sont de même grade, donnera le mot.

28. D. Lorsque l'officier-général gouverneur, ou autre commandant de la place jugera à propos de faire sa ronde, comment la fera-t-il?

R. Il pourra la faire à cheval, sans être tenu d'en descendre dans aucun cas ; il sera escorté par un caporal et quatre fusiliers de la garde de la place d'armes, et il aura avec lui un falot. Cette escorte sera relevée successivement de poste en poste.

29. D. Lorsqu'il approchera d'un poste, que fera la sentinelle ?

R. Elle criera : *Qui vive ?* et lui ayant répondu : *Ronde commandant* ou *ronde major*, elle criera : *Halte-là !* et elle avertira ensuite le caporal en criant : *Caporal, hors la garde; Ronde commandant ou major*. Le caporal avertira aussitôt le chef du poste, qui fera prendre les armes à toute sa garde et la formera en haie dans le même ordre que pendant le jour.

30. D. Que fera ensuite le commandant du poste ?

R. Après avoir fait reconnaître la ronde par le caporal, il s'avancera à dix pas en avant de sa garde, éclairé par le caporal de consigne escorté par 4 fusiliers qui feront *haut les armes* et marcheront deux pas en arrière; il criera ensuite : *avance à l'ordre ;* et lorsque celui qui fera la ronde se sera approché de lui, il lui donnera le mot, en mettant la main sur la garde de son épée.

31. D. Comment seront reconnues les rondes des lieutenans-colonels ou majors de service ?

R. Ils seront reçus par les postes comme le major de la place à sa première ronde.

32. D. Que fera le chef du poste après avoir donné le mot à l'officier-général ou autre qui fait la ronde ?

R. Il lui rendra compte et lui donnera une nouvelle escorte.

33. D. Que fera le major de la place tous les soirs après le mot donné ?

R. Il fera une ronde en observant de ne jamais la faire à la même heure.

36. D. Comment les chefs de poste reconnaîtront-ils la première ronde du major ou de l'adjudant de place ?

R. Ils s'avanceront à quatre pas en avant de leur garde, après l'avoir fait sortir, seront accompagnés de deux fusiliers, et lui donneront le mot.

37. D. Si après cette ronde, le major ou l'adjudant de place en fait une autre, comment sera-t-elle reçue ?

R. Elle le sera comme une simple ronde, et il donnera lui-même le mot au caporal.

---

## TITRE XVI.

### *Du service des officiers supérieurs dans les places.*

1. D. Les officiers supérieurs des régimens feront-ils quelques rondes ou visites de postes ?

R. Le commandant de la place en fera une ou plusieurs, quand il le jugera à propos, pour faire la visite des postes.

2. D. Comment seront-ils commandés?

R. Ils rouleront entr'eux pour ce genre de service et ceux de l'infanterie devront être commandés pour visiter les postes de leur arme.

3, 5. D. Que devront faire les officiers supérieurs de service, avant de commencer leur visite?

R. Ils devront se trouver à 11 heures chez le commandant de la place, pour prendre ses ordres et ne feront leur visite qu'aux heures indiquées par lui.

4. D. Où se rendront-ils encore?

R. Ils se rendront sur la place d'armes à l'heure où les nouvelles gardes s'y rassemblent, pour veiller à ce qu'elles arrivent dans l'ordre convenable, et les faire ensuite manœuvrer et défiler, si le commandant de la place le juge à propos.

6. D. Lorsqu'ils se présenteront devant un poste, que fera le commandant?

R. Il fera sortir ses hommes de garde, les formera ainsi qu'il a été dit, les fera reposer sur les armes et se mettra à leur tête pendant que lesdits officiers supérieurs en feront l'inspection.

7. D. Quelle attention doivent avoir les officiers supérieurs en faisant leur visite?

R. Ils examineront si tout est en règle dans le poste, feront faire l'appel, se feront rendre compte du nombre de sentinelles, verront si elles sont postées comme elles doivent l'être; ils feront répéter leur consigne en présence du caporal du poste, ayant eux-mêmes, pour la vérifier, la consigne générale du poste.

8. **D.** Cette visite pourra-t-elle avoir lieu pendant la nuit ?

**R.** Elle le pourra ; et dans ce cas ils prendront le mot de l'officier commandant le poste d'où ils devront la commencer et seront reçus par tous les postes comme le major de la place à sa première ronde.

9. **D.** Que feront les officiers supérieurs après leurs visites finies ?

**R.** Ils rendront compte au commandant de la place.

10. **D.** Quelle attention devront avoir les officiers supérieurs sortant de service?

**R.** Ils veilleront à ce que les anciennes gardes descendent la garde et soient ramenées à leurs quartiers dans l'ordre prescrit.

---

## TITRE XVIII.

### *De l'assemblée des Troupes.*

1. **D.** Quelle batterie fera-t-on lorsque toute la garnison devra prendre les armes?

**R.** On battra la générale, l'assemblée et au drapeau.

D. S'il n'y a qu'une partie de la garnison qui doive prendre les armes, quelle batterie fera-t-on ?

R. Au lieu de la générale on battra la marche ou le premier.

3. D. Quelle attention doivent avoir les troupes qui prendront les armes pour les exercices et manœuvres.

R. Elles se conformeront à ce qui est prescrit par le titre 20.

4, 5, 6. D. Quelle place occuperont les troupes en cas d'alarme ?

R. En arrivant dans une place toute troupe sera instruite de la place qu'elle devra occuper en ce cas.

Des instructions particulières pour tous les régimens, gardes et postes de la garnison, seront faites de manière que chacun d'eux sache parfaitement ce qu'il aura à faire, eu égard aux événemens qui auront occasionné l'alarme.

7. D. A quoi se reconnaîtra l'alarme ?

R. Elle se reconnaîtra, de quelqu'espèce qu'elle soit, par la générale battue à l'improviste.

Chaque régiment se rendra alors immédiatement au lieu qui lui est désigné et attendra les ordres de la place.

8, 9. D. Comment se placeront les régimens, si toute l'infanterie doit border le rempart ?

R. Ils se placeront par ancienneté, de manière que le plus ancien occupe la droite.

Dans aucun cas, les régimens étrangers ne

prendront rang qu'après le premier régiment français.

10. D. Quelles dispositions prendra le commandant de la place pour juger de la disposition générale ordonnée par l'article 5 et de la promptitude des troupes à l'exécuter ?

R. Il fera battre la générale à l'improviste, soit de jour, soit de nuit.

---

## TITRE XIX.

### *De la Police des Places.*

1. D. Quelle autorisation devra-t-on avoir pour faire battre un ban militaire dans une place ?

R. Qui que ce soit ne pourra le faire battre sans la permission du commandant de la place.

4. D. Quel est le devoir des consignes des portes à l'égard des étrangers entrant dans la place ?

R. Ils inscriront sur un registre tous ceux qui entreront dans la place et exigeront de ces étrangers d'écrire eux-mêmes, autant que possible, sur une feuille séparée, leurs noms, qualités, grades, état, et l'auberge ou maison particulière où ils comptent loger.

9. D. Comment seront traités les marchands,

cabaretiers ou autres qui feront crédit aux sous-officiers et soldats ?

R. Ils perdront ce qui leur sera dû, les créanciers étant sans recours légal sur leur solde. (Art. 333 de l'Ordonnance du 2 novembre 1833.)

10. D. Quelle est la police établie à l'égard des vivres qui arrivent dans la place ?

R. Qui que ce soit ne doit aller ni envoyer au-devant des paysans et autres personnes qui apporteront des vivres dans la place, ne pouvant les acheter qu'ils ne soient arrivés sur le marché, et lorsqu'il sera ouvert, les troupes et les habitans auront, sans aucune préférence, la liberté d'acheter en même temps ce qui leur conviendra.

12. D. Que feront les gardes aux portes, lorsqu'elles seront requises par les préposés de la police pour l'exécution de ce qui est prescrit ci-dessus ?

R. Ils leur prêteront main forte sur leur réquisition.

21. D. Les commandans des places pourront-ils conserver la chasse aux environs de la ville ?

R. Ils ne pourront ni la conserver, ni y chasser eux-mêmes, ou permettre aux officiers de leur garnison d'y chasser, s'il n'a été rendu une ordonnance en leur faveur, pour leur accorder une réserve, en fixer l'étendue et les bornes.

22. D. Que prescriront-ils aussi à l'égard de la pêche ?

R. Ils ne pourront pêcher ni faire pêcher, ni permettre à qui que ce soit de leur garnison de pêcher dans les rivières et étangs des environs de leur place.

---

## TITRE XX.

### *De la Discipline et de la Police des Troupes dans les Places.*

1. D. Quels comptes devront rendre les commandans des régimens d'une garnison au commandant de la place ?

R. Ils devront lui rendre compte de tous les objets relatifs au service, afin que celui-ci puisse rendre compte à l'officier-général commandant le département.

3. D. Quels sont les comptes à rendre par les chefs de corps à l'officier-général du département dans lequel ils sont en garnison ?

R. Ils lui seront subordonnés et lui rendront compte de tout ce qui se passera concernant la discipline, les exercices, la subordination et enfin de tout ce qui est relatif au service.

4. D. Si cet officier général ne se trouve pas présent dans le lieu de la garnison, comment lui seront rendus ces comptes ?

R. Le 1er de chaque mois les chefs de corps lui enverront par écrit un rapport sur tout ce qui se sera passé le mois précédent.

7. D. Quelle attention devront avoir les chefs de corps, lorsqu'ils voudront assembler leurs troupes ou leur faire prendre les armes ?

R. Ils ne pourront les assembler en tout ou en partie pour quelque cause que ce soit.

10. D. Un officier pourra-t-il s'absenter de la garnison sans la permission du commandant de la place ?

R. Nul officier ne pourra s'en absenter, même pour une nuit, sans cette permission qui ne sera accordée que sur la demande du commandant du régiment.

15. D. A qui les officiers qui auront été absens devront-ils se présenter à leur retour ?

R. Ils iront, à leur retour, rendre compte de leur arrivée au commandant de leur régiment, qui en informera le commandant de la place.

17. D. Par qui devra être autorisé un sous-officier ou soldat qui voudra sortir de la place ?

R. Aucun capitaine ne pourra l'y autoriser sans un billet du commandant du régiment, visé par le commandant de la place.

18. D. Les congés illimités qui seront donnés aux sous-officiers et soldats de la garnison d'une place, devront-ils être visés par le commandant de la place ?

R. Ils seront nuls si, outre toutes les signatures des officiers du régiment, ils ne sont encore approuvés par le commandant de la place et visés par le sous-intendant militaire.

19, D. Les officiers, sous-offiiciers et soldats
20, pourront-ils quitter leur uniforme?
21. R. Les officiers généraux et les commandans des places tiendront la main à ce qu'aucun ne s'écarte, sous tel prétexte que ce soit, de ce qui est prescrit concernant l'habillement, l'équipement et l'armement; les militaires ne devant quitter aucune marque de leur uniforme sans encourir une punition.

27. D. Comment seront traités les militaires qui voleront ou prendront de force des denrées ou marchandises dans les marchés ou boutiques?

R. Ils seront remis à la justice du lieu, pour être punis suivant la rigueur des ordonnances.

28. D. Quelle est la responsabilité des chefs de corps à l'égard des militaires sous leurs ordres qui joueraient à quelque jeu de hasard?

R. Les officiers généraux et les commandans de place devant empêcher avec le plus grand soin les troupes sous leurs ordres de jouer à aucun jeu de hasard, s'en prendront aux chefs de corps si cela arrive.

36. D. Quels sont les droits des officiers généraux employés, et des commandans de place, sur la troupe servant sous leurs ordres.

R. Ils pourront punir tout officier, sous-officier et soldat de quelque régiment qu'il soit, lorsqu'il manquera au service, en faisant avertir le commandant du régiment.

37. D. Quels sont les droits des colonels sur les officiers de leurs régimens?

R. Ils pourront de même les punir, en en rendant compte au commandant de la place.

39. D. Quelles sont les prérogatives du grade dans les occasions de service?

R. Dans toutes les occasions qui concerneront le service de l'état, le grade supérieur pourra de même punir tout grade inférieur de quelque régiment qu'il soit, en rendant compte sur-le-champ au commandant du régiment dont sera l'officier, sous-officier ou soldat.

45. D. Que devra faire tout officier sortant de prison?

R. Il devra se présenter chez l'officier par l'ordre duquel il y aura été mis.

47. D. De quels appels sera-t-il rendu compte à la place?

R. Il sera fait deux appels par jour, un le matin au réveil, et un le soir aussitôt après la retraite. Ils seront envoyés régulièrement au major de la place, afin que celui-ci instruise, sans délai, le commandant de la place de l'absence des soldats.

## TITRE XXI.

### *De la Discipline et de la Police intérieure des Régimens.*

2. D. Les colonels seront-ils responsables de l'exécution des ordres donnés par les officiers généraux?

R. Ils seront responsables de l'exécution de tous les ordres qui leur seront adressés par les officiers généraux.

3, 4. D. Qu'exigeront-ils à cet effet?

R. Ils exigeront l'obéissance et l'exactitude de la part de leur lieutenant-colonel et de tous les autres officiers de leur régiment, chacun d'eux devant exiger de tous ceux qui sont sous leurs ordres, la même déférence qu'ils auront eux-mêmes pour les officiers qui leur seront supérieurs.

5, 6. D. Lorsque le colonel est présent au corps, le lieutenant-colonel conserve-t-il ses droits sur les officiers supérieurs et autres du régiment?

R. Il conserve toujours la même autorité. Il en sera de même pour tous les autres grades; le plus élevé conserve toujours la même autorité sur les autres.

7. D. Par qui sera commandé le régiment en l'absence du colonel, du lieutenant-colonel et du major?

R. Par le plus ancien capitaine et les autres lui devront la même obéissance qu'au colonel, s'il était présent.

9. **D.** En l'absence du colonel, à qui seront adressés les ordres concernant le régiment ?

**R.** Ils seront toujours adressés à l'officier qui commandera.

8. **D.** Les adjudants majors ayant le grade de capitaine, pourront-ils être appelés à ce commandement.

**R.** Si un capitaine adjudant-major est le plus ancien du régiment, il prendra le commandement du corps en l'absence de tous les officiers supérieurs.

10. **D.** Quel compte devra au colonel celui qui commandera ? (1)

**R.** Il devra lui rendre compte à la fin de chaque mois, ou plus souvent si les circonstances l'exigent, de tout ce qui se sera passé et il ne pourra se dispenser d'exécuter les ordres qu'il en recevra, à moins qu'il n'en soit donné de contraires par le commandant de la place ou l'inspecteur du régiment.

---

## TITRE XXII

### *Des Exercices des Troupes* (2).

13. **D.** Indépendamment des exercices ordinaires de l'infanterie, que doit-on faire chaque année dans les places de guerre ?

(1) Voir l'art. 11 de l'Ordonnance du 2 nov. 1833.

(2) Voir 1° les art. 40 à 59 de l'Ordonnance du 4 mars 1831, ainsi que l'Instruction sur le tir à la cible; 2° le chap. 27 de l'Ordonnance du 2 novembre 1833.

R. Il sera fait, chaque année, dans les places de guerre, des exercices simulés, relatifs à l'attaque et à la défense desdites places.

14. D. Qu'est-ce que ces exercices embrasseront ?

R. Ces exercices embrasseront quelques-unes des opérations auxquelles l'infanterie est employée dans les siéges, comme attaque et défense des chemins couverts, constructions d'épaulemens, traverses, coupures, logemens, passages de fossés dans les places où les fossés seront à sec.

15. D. Quel temps de l'année doit-on choisir ?

R. La saison où les herbes des glacis seront coupées et renfermées et celle où les parties de chemins couverts ne seront point revêtues de palissades.

---

## TITRE XXIII.

### *Des Distributions* (1).

1. D. Qui est-ce qui est chargé de tenir les états et de donner les reçus pour les distributions ?

R. Le trésorier, qui doit faire aussi men-

(1) Voir 1° le Réglement du 1er septembre 1827, page 119; 2° chap. 3, tit. 1er de l'ordonnance du 25 décembre 1837.

tion des quantités qui auront été délivrées à chaque compagnie.

8. **D.** Comment les soldats qui iront aux distributions seront-ils formés avant leur départ ?

**R.** Ils seront formés par compagnies, bataillons, et partagés par divisions égales, à proportion de leur nombre ; ils se mettront ensuite en marche et seront conduits jusqu'au lieu de la distribution avec autant d'ordre que s'ils étaient sous les armes.

9. **D.** Lorsqu'ils seront arrivés au lieu de distribution, que doit faire l'officier qui les commandera ?

**R.** Il les mettra en bataille et aucun d'eux ne pourra s'écarter de son rang.

10. **D.** Que doit faire ensuite cet officier ?

**R.** Il ira examiner si les denrées qui doivent être distribuées à la troupe sont de bonne qualité et si le poids et les mesures sont justes (1)

11. **D.** Lorsqu'il y aura fraude ou abus de la part de l'entrepreneur ou autre fournisseur, que doit faire l'officier chargé de la distribution ?

**R.** Il en avertira sur-le-champ le major, qui en donnera avis au sous-intendant militaire, et au besoin au commandant de place. (Art. 87, 2 novembre 1833.)

(1) Voir la note à la fin de ce Titre.

13. **D.** Les officiers chargés de la distribution peuvent-ils se faire justice eux-mêmes ?

**R.** Non, en aucun cas.

15. **D.** Lorsque la distribution d'un régiment sera commencée, pourra-t-elle être interrompue par l'arrivée d'un régiment plus ancien que lui ?

**R.** Non, mais si plusieurs régimens arrivent en même temps, on commencera la distribution par le plus ancien.

---

# NOTE.

## EXTRAIT DU RÉGLEMENT

*Du 1er Septembre* 1827.

Il est ouvert, dans chaque magasin de distribution, un registre appelé Registre de visite des denrées en distribution, coté et paraphé par le sous-intendant militaire ayant la police du service, et destiné à recevoir l'avis de l'officier de semaine de chaque corps, sur la qualité des denrées préparées pour la distribution.

Le jour de la distribution, l'officier de visite examine les denrées préparées pour être distribuées, à l'effet de s'assurer de leur bonne qualité. Cet officier entre seul dans le magasin; il peut requérir la pesée des denrées rationnées, et se faire donner toutes les explications qu'il croit nécessaires pour établir son opinion sur la qualité des denrées. Avant que la distribution commence, il doit énoncer son opinion sur le registre, pour chaque nature de denrées, par l'inscription des mots : *bonne* ou *non recevable.*

Lorsque l'officier chargé de l'examen des denrées croit devoir les refuser pour quelque cause que ce soit, il porte immédiatement sa plainte au sous-intendant militaire qui procède à une expertise.

## PAIN.

La qualité du pain se juge de la manière suivante : par la couleur, par l'odeur, et plus encore par le goût. Pour être bon, il ne doit pas être brûlé, il doit être bien cuit et d'une couleur dorée également, la croûte ne doit pas se détacher de la mie. A l'ouverture d'un bon pain, on sent une odeur douce et balsamique ; on voit la mie semée de petits œils innombrables et serrés ; à la dégustation une saveur agréable comme un goût de noisette reste dans la bouche.

Il arrive quelquefois qu'en ouvrant le pain on le trouve compacte et spongieux, et l'on pense qu'il est entré trop d'eau dans sa fabrication : c'est une erreur: le défaut de ce pain, c'est de n'être pas assez cuit, soit qu'il ait été saisi d'abord, soit que le four n'ait pas été assez chauffé, soit enfin que le pain n'y soit pas resté assez long-temps.

Un pain bien fabriqué doit être de forme ronde, bombé dans le milieu, et il présente au plus 4 de ces entamures qu'on appelle baisûres, il contient deux rations; ses dimentions sont ordinairement d'environ 25 centimètres de diamètre sur 8 centimètres d'épaisseur au centre.

Le pain biscuité totalement ou à demi, ou au quart est ordinairement un peu moins levé que le pain de munition ordinaire. Au moment de l'enfourner le brigadier fait des trous dans le pâton en y enfonçant les doigts, pour que la chaleur du four pénètre plus facilement, et que le pain acquière un plus grand degré de siccité.

Il est de règle rigoureuse que le pain ne soit distribué que rassis de vingt-quatre heures. Il faut également qu'il ait bien ressué avant d'être chargé, lorsqu'il doit être distribué hors de la place où il a été fabriqué. La meilleure méthode à employer pour le ressuage est de placer le pain sur des étagères à claire voie.

Il peut arriver que par suite d'une négligence ou d'une maladresse ou par toute autre cause fortuite, le pain n'ait pas vingt-quatre heures après sa cuisson le poids prescrit par le réglement. Si dans ce cas l'agent comptable a lui-même informé le sous-intendant militaire de l'évènement avant la visite de l'officier de distribution, il est simplement tenu de fournir aux troupes un supplément en pain, sauf toutefois les peines de discipline encourues par lui ou par ses ouvriers pour le fait de négligence, et sauf les précautions à prendre pour empêcher le retour de ces accidens; un agent comptable qui n'aurait pas fait d'avance sa déclaration, peut être considéré comme coupable d'une tentative de fraude.

## VIANDE.

Les belles viandes ont une couleur vive qui dénote leur fraîcheur; les meilleures sont celles qui proviennent d'animaux abattus dans l'âge adulte et qui n'ont pas été excédés de fatigue. Les animaux trop jeunes donnent une viande pâle et mucilagineuse; celle des animaux trop vieux est d'une couleur foncée, les chaires sont longues et fibreuses; ces deux espèces de viande sont en général plus substancielles. Celle des animanx malades est livide et d'une teinte pâle inégale. La corruption des viandes s'annonce, indépendamment de la sensation qu'elle produit sur l'odorat, par des taches marbrées de diverses nuances.

Les distributions de viande ne doivent se faire que douze heures après l'abat des animaux, et lorsque la viande est bien refroidie et le sang complètement égouté. Les morceaux doivent être coupés nettement, selon les diverses parties des animaux.

Les suifs formant des masses ou pelottes volumineuses dans l'intérieur des animaux ne font point partie des distributions, mais bien les graisses adhérentes et étendues par couches dans la viande ou à sa surface.

## BISCUIT.

Le biscuit doit avoir à l'extérieur une couleur fauve pâle et offrir dans l'intérieur une pâte fine et serrée, d'un blanc doré, il doit être sonore et se casser difficilement; sa surface ne doit pas avoir de soufflures, et il est parsemé de trous faits avec un instrument nommé piquoir, qui facilite la dessication complète: la cassure doit présenter des faces lisses, vitreuses et non déchirées: il se fabrique sans sel. Les dimensions des galettes prêtes à être enfournées sont de 15 centimètres carrés, ou de 20 centimètres de diamètre, lorsqu'elles sont rondes, sur 1 centimètre 8 millimètres d'épaisseur.

Il est très-essentiel, pour sa conservation, qu'il soit bien ressué avant d'être mis en caisse ou en boucauts ; le ressuage se fait chez les biscuitiers bourgeois dans des lieux bien clos et très-chauds, que l'on nomme des soutes ; il est toujours prudent de n'admettre le biscuit en réception que 15 jours après sa fabrication.

## RIZ.

Les riz doivent être de la qualité dite dans le commerce bon courant, entièrement nets, dégagés de toute matière hétérogène et de poussière et tels que les débitans les livrent aux particuliers ; ils ne doivent être affectés d'aucun vice qui pourrait les altérer pendant leur conservation.

Les meilleurs riz, de quelque origine qu'ils soient, sont ceux dont les grains sont entiers, d'une forme et d'un volume à peu près pareils, qui sont les plus blancs, les plus durs et les mieux dégagés de leurs balles, leur cuisson est plus facile que celle des riz qui n'ont pas atteint leur maturité ou qui ont été mal récoltés.

## LÉGUMES SECS.

Les légumes secs doivent être choisis dans les bonnes secondes qualités du pays de leur cru, être nets, sans mélange de grains ou semences étrangères à leur espèce. Les meilleures qualités sont les plus pesantes et celles dont les grains sont les plus égaux en grosseur, luisans et coulant dans la main.

On ne les admet dans les magasins qu'après s'être assuré qu'ils sont d'une cuisson facile.

## SEL.

Le choix du sel n'exige pas d'autre attention que celle de s'assurer qu'il soit suffisamment net et purgé de matières hétérogènes pour ne pas colorer sensiblement ou troubler l'eau dans laquelle on l'a fait dissoudre à chaud, et pour ne pas y laisser un dépôt terreux ou sablonneux.

Sa conservation n'exige pas d'autres soins que ceux nécessaires à entretenir la propreté. On évite de le placer dans des lieux humides où il pourrait fondre et occasionner une perte sensible, On doit aussi remarquer qu'il convient de le mettre dans des locaux dallés, et que son séjour détériore complètement les planchers sur lesquels on l'a placé, ainsi que les sacs ou balles qui le renferment.

## SALAISONS.

Les salaisons bien préparées sont celles dont les viandes ont le mieux conservé leurs formes et leurs couleurs, qui sont d'une cuisson facile, qui perdent aisément leur surabondance de sel et n'ont aucun goût d'âcreté. C'est par des essais qu'il faut reconnaître leurs qualités.

## VIN.

Tous les terroirs ne produisent pas des vins susceptibles d'entrer dans la composition des approvisionnemens du servicce des subsistances qui exigent une certaine durée de conservation. La propriété de se bonifier par une garde bien entendue est une condition bien essentielle dont on doit s'assurer à l'égard des vins; il faut ensuite qu'ils soient naturels, d'un goût agréable et qu'ils aient du corps; on préfère en général les vins rouges aux vins blancs pour la formation des approvisionnemens.

## VINAIGRE.

Le vinaigre doit être de vin et naturel, marquant deux degrés et demi au pèse-vinaigre de Vincent. Lorsqu'on fait usage de cet instrument, il faut ramener la portion de liquide sur laquelle on opère à 12 degrés et demi du thermomètre centigrade (ou 10 degrés de Réaumur), c'est à cette température que l'instrument a été gradué.

Le vinaigre doit être bien clarifié; son acidité ne doit avoir rien d'âcre ni ne brûlant, et il a un parfum spiritueux qui se développe quand on s'en frotte les mains; il ne doit avoir aucun goût de fumée.

## EAU-DE VIE.

L'eau-de-vie doit être le produit de la distillation du vin ou du marc de raisin. Ce n'est que par autorisation spéciale du ministre que l'on peut admettre dans les approvisionnemens des eaux-de-vie, de genièvre ou d'autres produits.

Elle doit être transparente, d'un goût et d'un parfum agréables: quand on en frotte quelques gouttes entre les mains, l'évaporation s'opère promptement et complètement en laissant un parfum aromatique.

Pour les distributions de chauffage, voir l'Instruction du 30 juin 1840, page 17.

# TITRE XXIV.

## *Des Hôpitaux* (1).

2. D. Que doit-on commander tous les jours à l'ordre général ?

R. Il sera commandé tous les jours un capitaine sur toute la garnison, pour faire, soir et matin, la visite d'hôpital.

D. Que doit examiner cet officier ?

R. Il examinera si les malades sont tenus proprement, et s'ils n'ont aucun sujet de plainte, auquel cas il en rendra compte au commandant de la place (2).

(1) Voir le Réglement du 1er avril 1831.

(2) Un officier sera désigné chaque jour par le commandant militaire pour visiter les malades à l'hôpital ; cette visite doit être faite à l'heure de l'une des deux distributions d'alimens, et de préférence à celle du matin.

L'officier de visite déguste, tant à la cuisine qu'à la dépense et en présence du comptable ou de l'un des officiers d'administration, le bouillon, le vin et les autres alimens, et après en avoir reconnu la qualité, il inscrit et signe son avis sur un registre ouvert à cet effet, et indique en même temps l'heure à laquelle la visite a eu lieu.

L'officier de visite ne peut donner aucun ordre dans l'hôpital ni s'insinuer dans les détails de l'administration. S'il reçoit des réclamations de la part des malades, il doit d'abord, pour mieux apprécier, prendre des renseignemens soit auprès des officiers de santé de garde, soit auprès des officiers d'administration, suivant qu'elles sont relatives au service de santé ou au service administratif, et rendre ensuite compte au commandant de place de celles de ces réclamations qui lui ont paru fondées.

Les chefs de corps peuvent visiter leurs malades dans les hôpitaux quand ils le jugent convenable, ou les faire visiter par les officiers de santé de leurs corps, ils doivent rendre compte au commandant de place de leurs observations. (Art. 912, 914 et 915 du réglement précité.)

---

## TITRE XXV.

### *Des Prisons militaires.*

2. **D.** Comment les prisons militaires doivent-elles être disposées ?

**R.** De manière que les chambres ou salles destinées pour les soldats n'aient point de communication avec celles dans lesquelles on devra mettre les sous-officiers, ni celles-ci avec les chambres des officiers.

4. **D.** Les cachots doivent-ils être pareillement séparés ?

R. Oui, et n'avoir aucune communication, ni avec les autres cachots, ni avec les salles et autres chambres de la prison.

5. D. Que doit-il y avoir dans les chambres des officiers ?

R. Un lit garni, une table, une chaise, un chandelier et un pot-à-l'eau, les meubles et ustensiles sont fournis aux dépens du gouvernement, qui défend très-expressément au géolier d'en louer ou d'en laisser entrer d'autres.

6. D. Les officiers qui sont mis en prison peuvent-ils être visités ?

R. Les officiers qui seront mis en prison ne pourront être visités par qui que ce soit, sans une permission par écrit du commandant du corps, visée du commandant de la place.

7. D. Quels sont les meubles que doivent avoir les sous-officiers et soldats ?

R. Ils ne doivent avoir d'autres meubles que des bois-de-lit et des baquets.

8. D. Quelle est la paille qu'on doit fournir aux sous-officiers et soldats ?

R. Chacun d'eux recevra douze livres de paille, le jour qu'il entrera en prison, et cette paille sera renouvelée tous les huit jours.

17. D. Que doit-on nommer tous les jours à l'ordre général ?

R. On nommera un capitaine qui roulera sur toute la garnison pour faire la visite de la prison, vérifier si la police y est exercée, si le géolier exécute ce qui lui est ordonné, s'il n'y a pas de sous-officiers ou soldats qui soient malades, et en rendra compte ensuite au commandant de la place.

## TITRE XXIX.

### *Des Scellés et Inventaires* (1).

D. Qui est-ce qui a droit d'apposer le scellé sur les effets des officiers ?

R. Les majors de place, et en leur absence, les aide-majors ?

D. A qui appartient ce droit à l'égard des autres officiers qui sont employés en résidence fixe dans les places ou qui s'y trouvent sans leurs troupes ou sans emploi ?

R. Aux juges des lieux.

7. D. Qui est-ce qui doit être appelé, lors de la levée des scellés ?

R. Le major de la place ou en son absence un aide-major, pour en retirer les papiers qui concerneront le service du gouvernement et les remettre au successeur du défunt, ou les renvoyer au ministre de la guerre, si le défunt n'était pas dans le cas d'être remplacé.

(1) Voir les articles 935, 936, 937 et 938 du Règlement du 1er avril 1831.

8. **D.** Où doit-on placer l'épée que portait habituellement l'officier défunt?

**R.** L'épée sera mise sur son cercueil, lors de son enterrement.

---

## TITRE XXXI.

### *Des Troupes qui passeront dans les Places.*

2. **D.** Où doit se trouver le commandant de la place, lors de l'arrivée d'une troupe?

**R.** Sur son passage, pour la voir défiler.

3. **D.** En arrivant à leur quartier, que doit faire le major ou l'aide-major de la place qui l'aura conduite?

**R.** Il donnera l'ordre et leur indiquera le lieu où elle devra se porter en cas d'alarme.

4. **D.** Lesdites troupes contribueront-elles à la garde de la place?

**R.** Elles n'y contribueront que dans le cas de nécessité, elles établiront seulement des gardes particulières de police à leurs logemens et à leurs équipages, et elles fourniront une sentinelle à leur caisse ou drapeau. Les petites gardes destinées à fournir ces sentinelles, seront à cet effet reçues dans le corps-de-garde le plus voisin.

5. **D.** Lorsque lesdites troupes séjourneront dans les places, à quoi seront-elles tenues?

**R.** Elles seront tenues d'envoyer à l'ordre

général sur la place d'armes, comme si elles étaient en garnison dans la place.

6. D. Que doivent faire ecnore lesdites troupes?

R. Elles doivent envoyer de même leurs tambours sur la place d'armes, pour y battre la retraite avec ceux de la garnison.

---

## TITRE XXXII.

### *Du Départ des Troupes d'une Place* (1).

1. D. Que doit faire un commandant de régiment, lorsqu'il reçoit l'ordre de partir d'une place?

R. Il fera tout disposer pour l'exécution de cet ordre, et à cet effet il fera arrêter et solder tous les comptes du régiment avec les fournisseurs, ouvriers, ou autres marchands.

D. Doit-il faire examiner les malades qui seront à l'hôpital du lieu?

R. Il doit les faire examiner par le chirurgien-major du régiment, qui lui rendra compte des soldats qui ne seront pas en état de suivre.

(1) Voir le chapitre 40 de l'Ordonnance du 2 novembre 1833.

6. **D.** Que doit faire encore le commandant de la troupe ?

**R.** Il ordonnera au major de rassembler tout ce qui se trouvera d'équipemens et d'habillemens, excédant l'effectif de chaque compagnie, afin d'en faire l'envoi au transport de la guerre.

7. **D.** Que doit faire le major à l'égard des armes excédantes ?

**R.** Il les fera déposer au magasin d'artillerie, et retirera du garde-magasin un reçu qui constatera le nombre et la qualité des armes qu'il y aura déposées.

8. **D.** S'il y a d'autres troupes dans la place, celle qui devra en partir devra-t-elle fournir des gardes ?

**R.** Elle ne doit point fournir de gardes pour le service de la place, la veille de son départ.

---

## TITRE XXXIII.

### *Des Quartiers ou Villes ouvertes.*

4. **D.** Les officiers qui rempliront dans les quartiers les fonctions des états-majors des places, pourront-ils sous ce prétexte, s'arroger aucuns droit, prérogatives, ou autorité quelconque sur les habitans ?

R. Non, ils n'établiront pareillement, sous le prétexte de la comparaison du service des états-majors des places de guerre aux leurs, aucune règle de police pour les habitans, devant laisser ce soin aux juges de police des lieux ou aux officiers municipaux, à leur défaut.

D. Les commandans des régimens doivent-ils veiller à ce que tous les officiers soient parfaitement instruits de ce qui les concerne dans la présente ordonnance?

R. Oui. Et les adjudans-majors doivent faire faire des extraits aux sous-officiers de tout ce qu'ils doivent exécuter.

D. Que doivent faire les capitaines?

R. Ils doivent faire lire aux soldats ce qui les concerne, aussi souvent qu'il sera nécessaire, et surtout aux soldats de recrue.

# LOI

## CONTRE LES ATTROUPEMENS.

(*Du* 10 *Avril* 1831.)

Art. 1. Toutes personnes qui formeront des attroupemens sur les places ou sur la voie publique, seront tenues de se disperser à la première sommation des préfets, sous-préfets, maires, adjoints de maire, ou de tous magistrats et officiers civils chargés de la police judiciaire autres que les gardes champêtres et gardes forestiers. — Si l'attroupement ne se disperse pas, les sommations seront renouvelées trois fois. Chacune d'elle sera précédée d'un roulement de tambour ou d'un son de trompe. Si les trois sommations sont demeurées inutiles, il pourra être fait emploi de la force, conformément à la loi du 3 août 1791. — Les maires et adjoints de la ville de Paris ont le droit de requérir la force publique et de faire les sommations. — Les magistrats chargés de faire lesdites sommations seront décorés d'une écharpe tricolore.

2. les personnes qui, après la première des sommations prescrites par le second pa-

ragraphe de l'article précédent, continueront à faire partie d'un attroupement pourront être arrêtées, et seront traduites sans délai devant les tribunaux de simple police pour y être punies des peines portées au chapitre 1 du livre IV du Code pénal.

3. Après la seconde sommation la peine sera de trois mois d'emprisonnement au plus; et, après la troisième, si le rassemblement ne s'est pas dissipé, la peine pourra être élevée jusqu'à un an de prison.

4. La peine sera celle d'un emprisonnement de trois mois à deux ans; 1° contre les chefs et les provocateurs de l'attroupement s'il ne s'est point entièrement dispersé après la troisième sommation; 2° contre tous individus porteurs d'armes apparentes ou cachées s'ils ont continué à faire partie de l'attroupement après la première sommation.

5. Si les individus condamnés en vertu des deux articles précédens n'ont pas leur domicile dans le lieu où l'attroupement a été formé, le jugement ou l'arrêt qui les condamnera pourra les obliger, à l'expiration de leur peine, à s'éloigner de ce lieu à un rayon de dix myriamètres pendant un temps qui n'excédera pas une année, si mieux ils n'aiment retourner à leur domicile.

6. Tout individu qui, au mépris de l'obligation à lui imposée par le précédent article, serait retrouvé dans les lieux à lui interdits sera arrêté, traduit devant le tribunal de police

correctionnelle, et condamné à un emprisonnement qui ne pourra excéder le temps restant à courir pour son éloignement du lieu où aura été commis le délit originaire.

7. Toute arme saisie sur une personne faisant partie d'un attroupement sera, en cas de condamnation, déclarée définitivement acquise à l'état.

8. Si l'attroupement a un caractère politique, les coupables des délits prévus par les art. 3 et 4 de la présente loi pourront être interdits pendant trois ans au plus, en tout ou en partie, de l'exercice des droits mentionnés dans les quatre premiers paragraphes de l'art. 42 du Code pénal.

9. Toutes personnes qui auraient continué à faire partie d'un attroupement après les trois sommations, pourront, pour ce seul fait, être déclarées civilement et solidairement responsables des condamnations pécuniaires qui seront prononcées pour réparation des dommages causés par l'attroupement.

10. La connaissance des délits énoncés aux articles 3 et 4 de la présente loi est attribuée aux tribunaux de police correctionnelle, excepté dans le cas où, l'attroupement ayant un caractère politique, les prévenus devront être, aux termes de la Charte constitutionnelle et de la loi du 5 octobre 1830, renvoyés devant la cour d'assises.

11. Les peines portées par la présente loi seront prononcées sans préjudice de celles

qu'auraient encourues, aux termes du Code pénal, les auteurs et les complices des crimes et délits commis par l'attroupement. Dans le cas du concours de deux peines, la plus grave seule sera appliquée.

BIBLIOTHEQUE ROYALE

www.ingramcontent.com/pod-product-compliance
Ingram Content Group UK Ltd.
Pitfield, Milton Keynes, MK11 3LW, UK
UKHW022118190726
13855UKWH00003B/929

9 782013 061766